职业教育财经类专业教学用书

会计岗位中的 Excel 应用（第 2 版）

贾振纲　易文奇　主编

电子工业出版社
Publishing House of Electronics Industry
北京·BEIJING

内 容 简 介

本书共九个项目，分别讲解了 Excel 的基础应用、日常管理表格设计、销售库存管理表格设计、工资管理表格设计、固定资产卡片设计及折旧函数的使用、财务会计报表设计、财务图表应用、财务数据透视分析和综合实训。内容涵盖表格设计、数据运算、数据分析、筛选、分类汇总、图表应用和打印设置等，全书最后附有近三年技能竞赛试题及讲解。本书配有相应的表格数据、习题答案和实训视频指导，既可通过扫描二维码，也可通过 www.hxedu.com.cn 下载电子资源包。

本书可作为职业院校财经类专业的教材，也可作为在职人员自学和培训的参考用书。还可作为在校职业院校学生竞赛训练辅导用书。

未经许可，不得以任何方式复制或抄袭本书之部分或全部内容。
版权所有，侵权必究。

图书在版编目（CIP）数据

会计岗位中的 Excel 应用／贾振纲，易文奇主编．—2 版．—北京：电子工业出版社，2017.8
ISBN 978-7-121-32429-1

Ⅰ.①会… Ⅱ.①贾… ②易… Ⅲ.①表处理软件－应用－会计－职业教育－教材 Ⅳ.①F232

中国版本图书馆 CIP 数据核字（2017）第 190419 号

责任编辑：陈　虹
特约编辑：孙雅琦　董　玲
印　　刷：北京虎彩文化传播有限公司
装　　订：北京虎彩文化传播有限公司
出版发行：电子工业出版社
　　　　　北京市海淀区万寿路 173 信箱　邮编 100036
开　　本：787×1092　1/16　印张：12.5　字数：317 千字
版　　次：2014 年 5 月第 1 版
　　　　　2017 年 8 月第 2 版
印　　次：2023 年 3 月第 15 次印刷
定　　价：28.00 元

凡所购买电子工业出版社图书有缺损问题，请向购买书店调换。若书店售缺，请与本社发行部联系，联系及邮购电话：(010) 88254888，88258888。
质量投诉请发邮件至 zlts@phei.com.cn，盗版侵权举报请发邮件至 dbqq@phei.com.cn。
本书咨询联系方式：chitty@phei.com.cn。

前 言

　　Excel 电子表格在会计岗位中的应用越来越多，为提高办公效率，更多的用人单位要求会计人员熟练掌握常用的办公软件，尤其要精通与会计岗位有关的各类表格的应用，包括数据统计和分析，以及自主设计表格的能力。

　　通过对校企联合办学模式的长期研究，我们发现时下的职业院校毕业生不能胜任用人单位的要求，主要体现在工作能力不足，如 Excel 电子表格这类常用的办公软件，大多数毕业生只是略懂，无法胜任工作要求。因此除设置会计常规课程教学外，增加常用办公软件等课程的教学已迫在眉睫。本书旨在指导学生熟练掌握会计岗位中电子表格应用的相关技能，以适应用人单位在财务会计工作中的应用需求。

　　为达到初、中级会计应用型人才的培养目标，本书设计了九个项目，并配有相应的训练步骤和实训指导，在此基础上引导学生自主设计常用的表格和报表及工作中可能用到的一些表格。同时学会利用电子表格强大的运算功能进行数据运算、统计运算、绘制图表及财务分析。

　　本书具有以下特点：

　　（1）项目制定与会计岗位联系密切，工作任务明确具体。本书以校企联合为依托，将企业会计岗位中应掌握的各类电子表格，通过科学分类，细化为具体的项目和任务，指导学生系统训练，由浅入深，循序渐进。

　　（2）图文并茂，实用易懂。针对广大职业院校学生的学习特点，通过屏幕截图，细致到每个步骤，讲解通俗易懂，案例所涵盖的知识点和实际工作紧密结合。

　　（3）重视应用拓展。为引导学生学以致用，解决一些会计岗位工作中的实际问题，本书不仅引导学生学会如何编制电子表格，还进一步帮助学生理解和掌握数据分析和运算。

　　（4）重视技能训练，指导中职竞赛。高中生有高考，中职生有大赛。为适应中职、高职会计技能竞赛的要求，本书结合会计岗位需求，整合了一些综合实训题，涵盖技能全面，并附有三年大赛试题，可作为竞赛训练辅导用书。同时本书配有丰富电子资源包，包括数据源、习题答案、视频讲解等，通过二维码扫描，方便学生训练学习使用，也可登录www.hxedu.com.cn 下载。

　　本书由贾振纲、易文奇担任主编，编写分工如下：郑州财经技师学院牛莉萍编写项目一和项目二，河南广播电视大学经济管理学院田俊敏编写项目三和项目四，河南省轻工业学校杨峰编写项目五，郑州市经济贸易学校贾振纲编写项目六，郑州工业贸易学校吕书权编写项目七，郑州工业贸易学校韩意编写项目八，河南省漫画时代传媒有限公司易文奇和郑州市经济贸易学校张妍编写项目九，全书由贾振纲统稿。

　　由于作者水平所限，书中难免有疏漏和不当之处，敬请读者批评指正。

编　　者

目　录

第一篇　Excel 基础

项目一　Excel 的基础应用 1

　　任务一　认识 Excel 界面与基本功能 2
　　任务二　Excel 工作表的基本操作 3
　　任务三　输入和编辑数据 12
　　任务四　表格显示和打印 16

第二篇　会计数据表格设计

项目二　日常管理表格设计 22

　　任务一　差旅费报销单设计 23
　　任务二　日常费用记录表设计 29

项目三　销售库存管理表格设计 39

　　任务一　入库单、出库单的设计 40
　　任务二　月份材料入库表、出库表设计及数据筛选显示 46
　　任务三　材料总账表设计 51

项目四　工资管理表格设计 57

　　任务一　设计工资结算汇总表 58
　　任务二　制作工资条并打印 73

项目五　固定资产卡片设计及折旧函数的使用 80

　　任务一　固定资产卡片设计 81
　　任务二　折旧函数的使用 96

项目六　财务会计报表设计 109

　　任务一　利润表的设计 110
　　任务二　资产负债表的设计 116

第三篇　会计数据应用

项目七　财务图表应用 128

　　任务一　建立图表与格式设计 129

任务二　特殊图表类型应用 ………………………………………………………… 134

项目八　财务数据透视分析 ……………………………………………………………… 143
　　任务一　数据透视表基础知识 …………………………………………………… 144
　　任务二　建立多种财务数据透视表 ……………………………………………… 149
　　任务三　财务数据透视分析 ……………………………………………………… 157

第四篇　综合技能训练

项目九　综合实训 ………………………………………………………………………… 169
　　实训一　图书借阅表（查找与判断） …………………………………………… 170
　　实训二　表格格式设计与数字运算 ……………………………………………… 170
　　实训三　人事资料工号运算（文本运算） ……………………………………… 172
　　实训四　工资表数据管理（排序、筛选和分类汇总） ………………………… 172
　　实训五　销售表透视分析（数据透视分析） …………………………………… 174
　　实训六　文交所交易额数据分析（数据分析工具） …………………………… 174
　　实训七　工资记录打印（打印设置） …………………………………………… 175
　　实训八　数据图表（图表显示） ………………………………………………… 175
　　实训九　数据图表（图表显示） ………………………………………………… 177

附录 A　2015 年郑州市财经商贸类 Excel 应用技能竞赛试卷 ………………………… 179

附录 B　2016 年郑州市财经商贸类 Excel 应用技能竞赛试卷 ………………………… 182

附录 C　2017 年郑州市财经商贸类 Excel 应用技能竞赛试卷 ………………………… 186

附录 D　2017 年郑州市 Excel 应用技能竞赛方案 ……………………………………… 190

参考文献 …………………………………………………………………………………… 192

第一篇　Excel 基础

项目一

Excel 的基础应用

学习目标

- ❖ 了解 Excel 工作表的基本功能。
- ❖ 掌握 Excel 工作表的基本操作方法。
- ❖ 熟练运用 Excel 工作表输入和编辑数据。
- ❖ 掌握 Excel 工作表的显示和打印方法。

任务目标

- ❖ 新建 Excel 工作表。
- ❖ 调整行高和列宽,设置单元格格式。
- ❖ 输入和编辑数据。
- ❖ 打印 Excel 工作表。

任务一　认识 Excel 界面与基本功能

Excel 是 Microsoft Office 系列办公软件中的一个电子表格软件。它的主要功能有建立表格、填充数据、数据处理、文字处理、图表处理、打印报表等，同时它还具有数据管理、宏命令、决策支持分析等功能。

Excel 的界面和 Word 类似，主要由菜单栏、工具栏、工作表区三大部分组成，如图 1-1 所示。

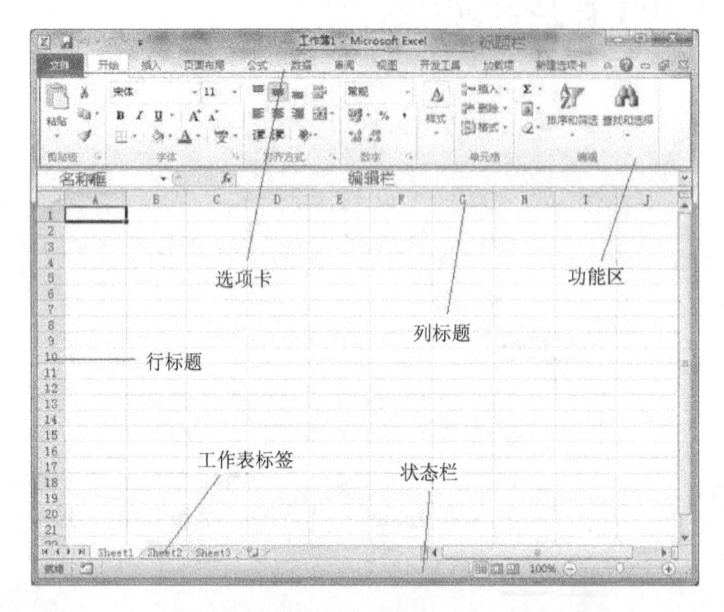

图 1-1　Excel 界面

工作表最大容量：行为 1~65536；列为 A~Z，AA，AB~IV（共 256 列）。

知识链接

1. Excel 工作表显示内容

【菜单栏】菜单栏中分类列有 Excel 的所有命令。

【工具栏】按钮对应 Excel 最常用的一些命令。包括格式工具栏、常用工具栏、绘图工具栏等，可以通过选中"视图"|"工具栏"命令定义显示内容。

【工作表区】编辑单元格的工作区域。单元格内容可以在"编辑区"输入。单元格可以在"名称框"中命名。

【行标】【列标】显示单元格的行数和列数，【滚动条】用于上下、左右滚动工作区，查看工作表内容。

【工作表标签】一个工作簿包含若干个工作表，可以在工作表标签中输入或更改工作表名称。

2．工作表区和单元格

工作表区是放置表格内容的地方。单元格是工作表的基本元素，也是最小的独立单位，可以存放各种类型的数据。每一个单元格都有一个名字，称为单元格地址。单元格地址是以列号和行号的组合命名的。如第 5 列第 5 行的单元格地址为 E5，依次类推。被选中的单元格以粗实线显示，称为当前单元格。当前单元格的右下方有一个小黑点，称为填充柄。

3．名称框和编辑区

名称框，用于显示或定义当前单元格名称或一组单元格的名称。在名称框中输入名称，可以选取相应的单元格或一组单元格。在编辑区中准备输入数据时，编辑区的左边会出现 ✕ ✓ ƒ 三个按钮：第一个是【取消】按钮，用于恢复单元格本次编辑前的状态；第二个按钮是【输入】按钮，确认当前编辑区的内容；第三个是【插入函数】按钮，单击它可以在单元格中输入公式。

任务二　Excel 工作表的基本操作

案例导入

宏达公司准备在以后的工作中，利用 Excel 表格来处理会计核算的相关内容。因此，需要财务部相关人员掌握 Excel 工作表的基本操作方法。

一、新建、管理 Excel 工作表

任务驱动

为宏达公司新建一个"工资核算"工作簿，并将其保存在"我的文档"中。

知识链接

工作簿和工作表

在 Excel 中进行的操作是在工作簿文件中执行的，工作簿文件拥有自己的窗口，您能按需要打开许多工作簿。默认情况下，Excel 工作簿使用.xlsx 文件扩展名。

每个工作簿由一个或多个工作表组成，而每个工作表又由单个的单元格组成。每个单元格可以包含数值、公式或文本。工作表也有一个隐藏的绘图层，可以容纳图表、图像和图形。可以通过单击工作簿窗口底部的标签访问工作簿中的每个工作表。此外，工作簿能够存储图表工作表，图表工作表显示单独的图表并且也可以通过单击标签访问。

基本步骤

（1）新建一个电子表格。新建 Excel 工作表的方法主要有以下两种：

方法一：选中"开始"｜"所有程序"｜"Microsoft Office"｜"Microsoft Excel 2010"命令，打开一个工作表，如图 1-2 所示。

方法二：在桌面空白处右击，选中"新建"｜"Microsoft Excel 工作表"命令，打开一个

工作表，如图 1-3 所示。

图 1-2　新建 Excel 工作表

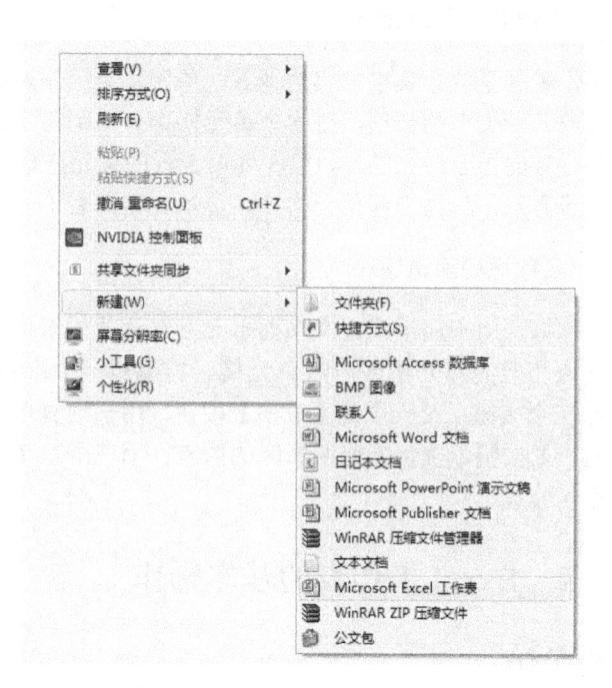

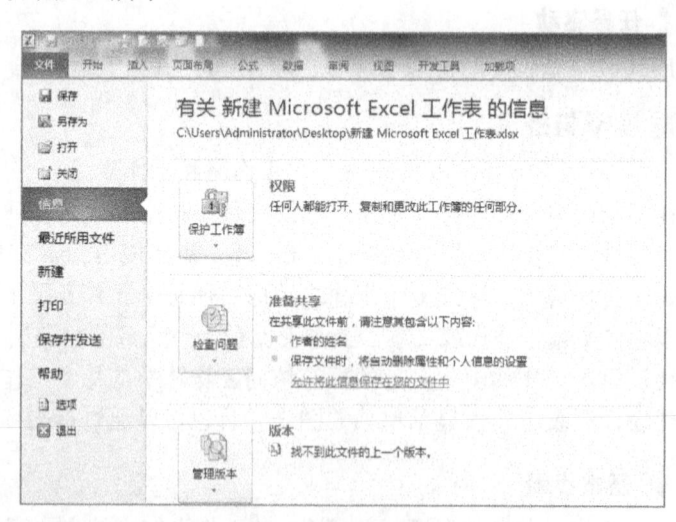

图 1-3　新建 Excel 工作表

（2）完成后效果如图 1-4 所示。
（3）双击 Excel 工作表图标，将其打开，认识 Excel 工作表。
（4）单击"文件"按钮（如图 1-5 所示）。

图 1-4　新建 Excel 工作表

图 1-5　"文件"按钮

（5）单击"另存为"按钮，选择"我的文档"文件夹，修改文件名为"工资核算"，如图 1-6 所示。

项目一　Excel 的基础应用

图 1-6　"另存为"对话框

（6）单击"保存"按钮，如图 1-7 所示。

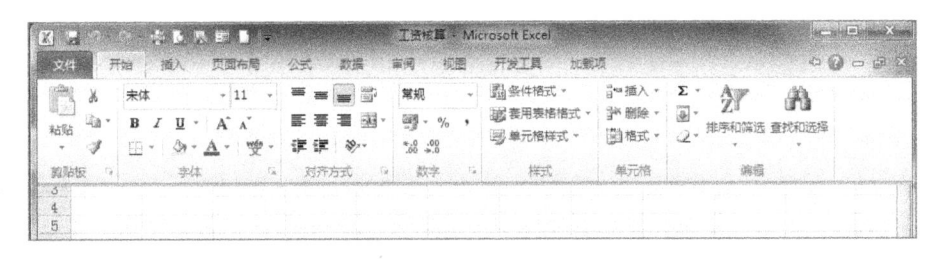

图 1-7　修改工作簿名为"工资核算"

（7）双击打开"我的文档"，即可看到已存在的"工资核算"工作簿，如图 1-8 所示。

图 1-8　将"工资核算"文件保存至"我的文档"

◎ 小贴士

工作簿重命名的另一种方法

选中新建的 Excel 工作簿，右击，选中"重命名"命令，也可以修改工作表名称。

5

二、编辑工作表

任务驱动

将"工资核算"工作簿中的"Sheet1"重命名为"工资结算单"。

知识链接

对 Excel 工作表的编辑包括：编辑工作表数据，对工作表重命名，移动、复制和删除工作表，拆分和冻结工作表，以及为单元格或单元格区域命名等内容。

基本步骤

（1）打开"工资核算"工作簿，将鼠标移至"Sheet1"处，双击，如图1-9所示。
（2）直接输入"工资结算单"，按【Enter】键，或单击工作表中任一单元格，如图1-10所示。

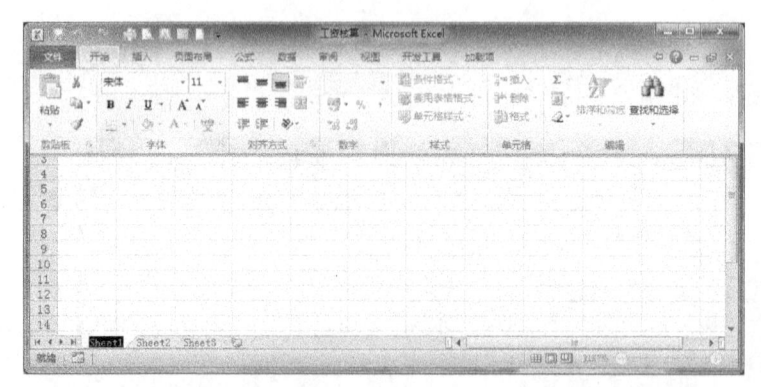

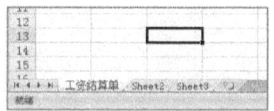

图1-9　修改工作表Sheet1名称　　　　图1-10　将Sheet1改成"工资结算单"

小贴士

1. 插入新工作表

单击"插入工作表"按钮，如图1-11所示。

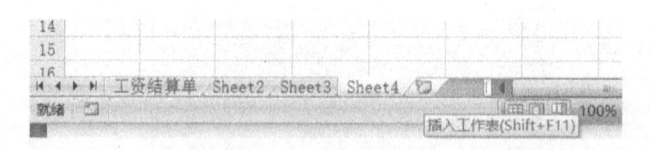

图1-11　插入新工作表

插入一张新的工作表。也可以单击选中某一工作表名，然后右击，选中"插入"|"工作表"命令，然后单击"确定"按钮。

2. 移动或复制工作表

单击选中某一工作表名，然后右击，选中"移动或复制工作表"命令，打开如图1-12所示对话框。

图 1-12　移动或复制工作表

3．删除工作表

单击选中某一工作表名，右击后，选中"删除"命令即可。

4．拆分和冻结工作表

在菜单栏选中"视图"命令，再单击"拆分"和"冻结窗格"按钮即可实现，如图 1-13 所示。

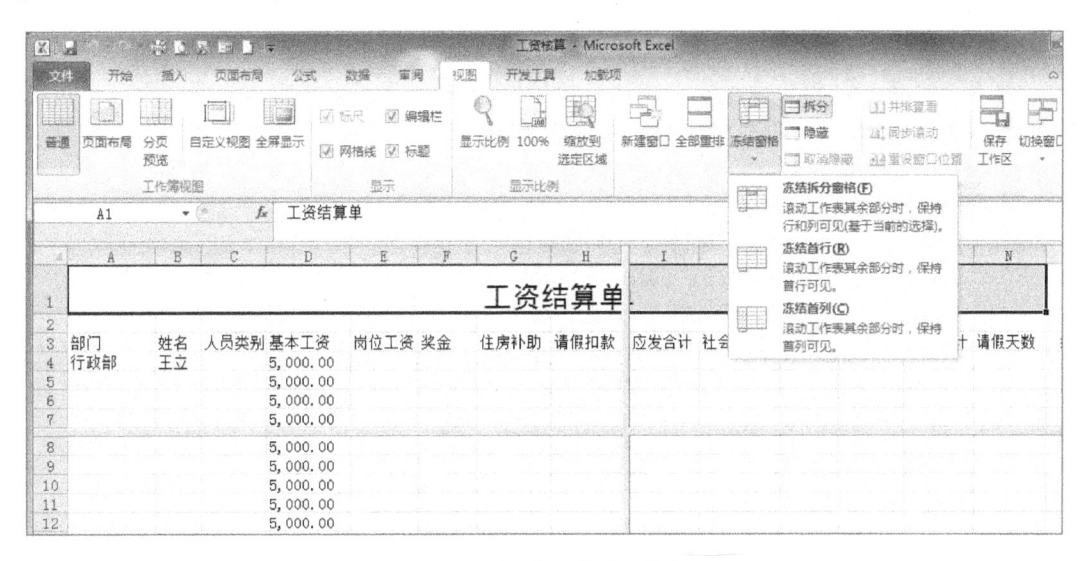

图 1-13　拆分和冻结工作表

三、设置单元格、行和列（包括插入、编辑、格式设置）

任务驱动

（1）在"工资结算单"中录入内容。
（2）将 A1:N1 区域合并成一个单元格，字体设置为"黑体"，字号为"20"。

（3）将 D4:N20 区域设置为"数值型"，小数位数为 2，并使用千位分隔符。

（4）设置第一行行高为 35mm，设置第一列列宽为 10mm。

（5）插入单元格、行或列。

知识链接

使用 Excel 最为常见的应用就是给表格中的数据和文字设定各种需要的格式和效果。设置单元格格式的方法很简单，选择 Excel 表格中需要设置的列、行、单元格或单元格区域，然后在右键菜单中选择"设置单元格格式菜单"命令，或者选择完区域后单击"格式"菜单中的"单元格"项，即可完成设置。

"数值"标签：当遇到将数字转换为文字、小数点位数、百分比、时间、日期等问题时，可以使用设置单元格格式中的"数字"标签，可以清楚地看到其中的"数值"就是设置纯数字的格式，如小数位数，是否使用千分位等，依次类推。

"对齐"标签：其中主要是设置对齐方式，如常见的居中对齐，需要注意的是有两个方向：垂直方向和水平方向。这可以让你设定 9 种不同的位置，自动换行可以设置当一行内容较多，而列宽有限时可以勾选"自动换行"显示全部。"合并单元格"可能是最为重要的一个应用，勾选它可以合并，如果取消对钩就可以取消合并单元格了。

"字体"标签：可以如 Word 一样，非常方便地设定文字的颜色、字体、字号、下画线等。

"边框"标签：当我们需要打印 Excel 表格内容的时候，边框就非常有用了（不设置边框，打印的时候是看不到的），如果打印机支持彩色打印，不妨试试不同的线型和颜色，会给设置漂亮的表格提供强大的帮助。

"图案"标签：边框可以设置边线效果和颜色，"图案"可以设置填充颜色和图案，这也是美化 Excel 表格很重要的工具。

基本步骤

1. 在"工资结算单"中录入内容（如图 1-14 所示）

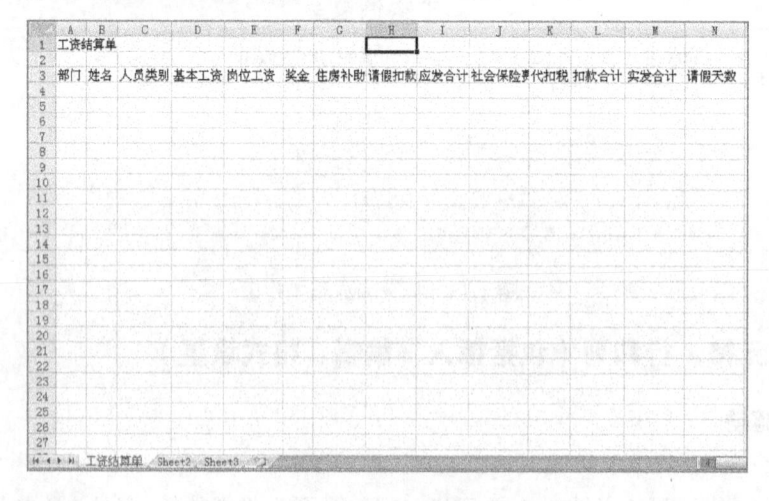

图 1-14 录入内容

2. 合并单元格并设置字体和字号

选中 A1:N1 区域，选中"开始"|"合并后居中"命令，然后选择字体为"黑体"，字号为"20"，如图 1-15 所示。

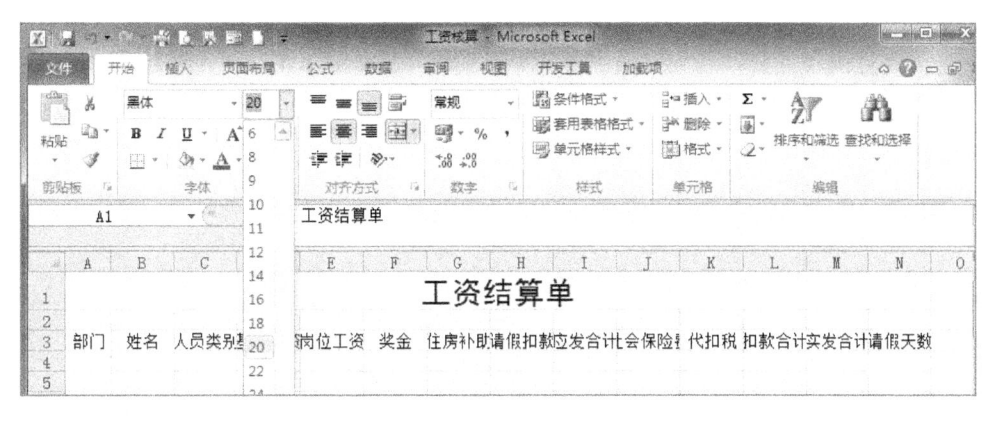

图 1-15　合并单元格并设置字体字号

3. 设置单元格格式

（1）选中 D4:N20 区域，选中"格式"命令，将鼠标移至"设置单元格格式"选项，如图 1-16 所示。

图 1-16　设置单元格格式

（2）单击"设置单元格格式"命令，如图 1-17 所示。

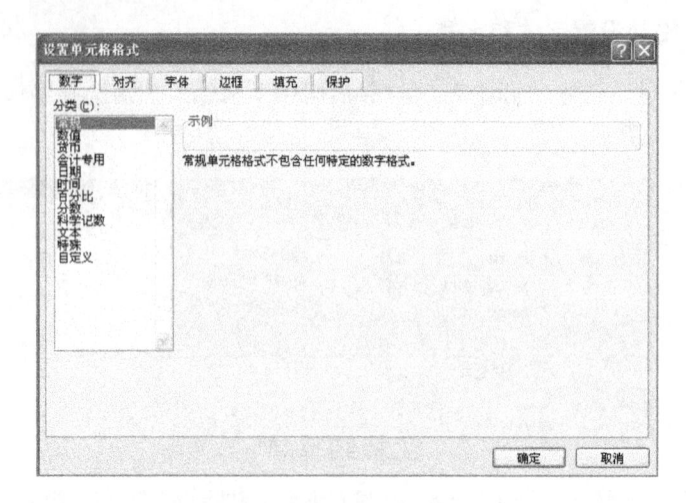

图1-17 设置单元格格式

（3）单击左侧列表中的"数值"项，小数位数设为"2"，并选中"使用千位分隔符"复选框，如图1-18所示。

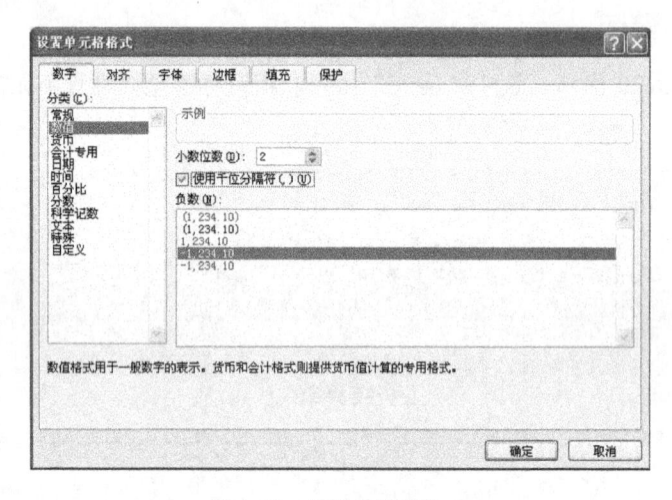

图1-18 设置单元格格式

（4）单击"确定"按钮完成。

4．调整行高和列宽

（1）单击第一行的行标，选中第一行，选中"格式"|"行高"命令，输入行高为35，单击"确定"按钮，如图1-19所示。

（2）单击第一列的列标，选中第一列，选中"格式"|"列宽"命令，输入列宽为20，单击"确定"按钮。

5．插入单元格、行或列

（1）选中某一单元格、行或列后右击，选中"插入"命令，如图1-20所示。

（2）根据需要，插入单元格、行或列。

图 1-19　调整行高　　　　图 1-20　插入单元格、行或列

小贴士

（1）选中单元格、行或列并右击，就可以对它们进行设置操作。
（2）要调整行高，也可以将鼠标移至某一行的下端，上下拖曳鼠标来调整，不过这样做不到精确调整，调整列宽也是这样。

四、保护、保存工作表

任务驱动

（1）保护"工资结算单"工作表；
（2）保存"工资结算单"工作表。

基本步骤

1. 保护所设计的"工资结算单"工作表，密码：1234

（1）在"审阅"菜单下，选中"保护工作表"命令，输入密码1234，如图1-21所示。
（2）单击"确定"按钮，重新输入密码，如图1-22所示。
（3）单击"确定"按钮，完成工作表的保护，原来的"保护工作表"图标变成"撤销工作表保护"。

2. 保存工作表

工作表的保存，可以直接单击"保存"按钮，或者单击"Office"按钮实现，如图1-23所示。

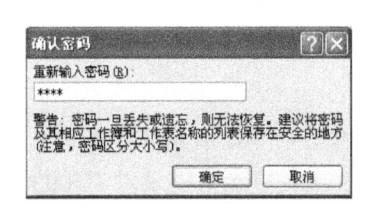

图 1-21　保护工作表　　　　图 1-22　确认密码　　　　图 1-23　保存工作表

小贴士

1. 工作表保护后,一定要牢记保护密码,否则不能对工作表进行编辑。
2. 在对工作表进行操作时,务必边做边保存,以免因断电或其他原因造成工作丢失。

任务实施与检查

1. 任务实施

安排 30 分钟学生上机操作。

2. 任务检查

教师巡视检查,解答学生问题。

3. 任务评价

(1) 教师评价:

任务操作及内容	任 务 评 价
一、新建、管理 Excel 工作表	
二、编辑工作表	
三、设置单元格、行和列(包括插入、编辑、格式设置)	
四、保护、保存工作表	
总　　评:	

(2) 学生自评:

任务操作及内容	任务完成情况
一、新建、管理 Excel 工作表	
二、编辑工作表	
三、设置单元格、行和列(包括插入、编辑、格式设置)	
四、保护、保存工作表	
总　　评:	
问题与解疑:	

任务三　输入和编辑数据

一、手动输入数据

任务驱动

(1) 在"工资结算单"工作表中,在 A4 单元格中录入"行政部";
(2) 在 B4 单元格输入"王立",D4 单元格中录入"5000"。

知识链接

Excel 的常见数据类型

Excel 的常见数据类型包括：数字型、日期型、文本型、逻辑型数据。

其中，数字型表现形式多样：货币、小数、百分数、科学计数法、各种编号、邮政编码、电话号码等多种形式。

基本步骤

1. 在 A4 单元格中录入"行政部"

（1）打开"工资核算"工作簿，选中"工资结算单"工作表。
（2）选中 A4 单元格，直接输入"行政部"，如图 1-24 所示。

2. 在 B4、D4 单元格中分别录入"王立"和"5000"

选中 B4 单元格，直接输入"王立"；选中 D4 单元格，输入"5000"，如图 1-25 所示。

图 1-24　在单元格中输入数据"行政部"　　图 1-25　在单元格中输入数据"王立"

小贴士

数据输入的一般过程：①选定要输入数据的单元格。②从键盘输入数据。③按【Enter】键。

若输入日期型数据，则需要先设置单元格格式，再选择合适的日期类型。

二、自动填充数据

任务驱动

将 D4 单元格的"5000"自动填充到 D5:D15 区域。

知识链接

若工作表某些单元格中数据相同，可以使用自动填充功能，使用自动填充柄填充。

基本步骤

将 D4 单元格的"5000"自动填充到 D5:D15 单元格区域中，具体步骤如下：

（1）选中 D4 单元格，将鼠标指针移至 D4 单元格右下角的小黑框（自动填充柄）上，稍微停留后鼠标指针变为一个实加号；

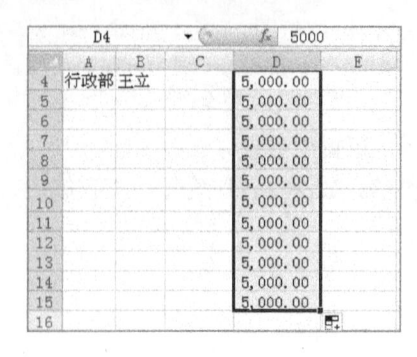

图 1-26　自动填充数据

（2）按下鼠标左键将自动填充柄拖曳至 D15 单元格，如图 1-26 所示。

◎ 小贴士

工作表的公式也可以使用自动填充柄功能填充。

三、自定义填充序列填充数据

任务驱动

在 O3 单元格输入"编号"，在 O4:O15 区域内对应输入数字 1～12。

基本步骤

1. 选中 O3 单元格，输入"编号"
2. 在 O4:O15 区域输入数字 1～12

（1）选中 O4:O5 区域。

（2）在 O4 中输入"1"后按【Tab】键，在 O5 中输入"2"，如图 1-27 所示。

（3）保持这两个单元格处于选中状态，把鼠标指针移至 O5 单元格右下角的小黑框（自动填充柄）上，稍微停留后鼠标指针变为一个实加号。

（4）按住鼠标左键将自动填充柄拖曳至 O15 单元格，如图 1-28 所示。

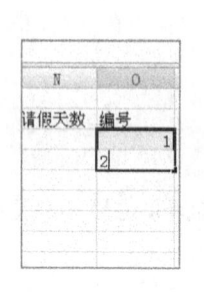

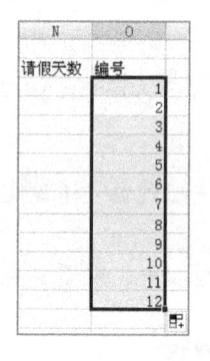

图 1-27　选中两个单元格　　　图 1-28　自定义填充序列数据

◎ 小贴士

Excel 中用填充序列填充数据的另一种方法

首先自己手动添加一个新的自动填充序列，具体操作步骤如下。

（1）单击"文件"按钮，然后单击"Excel 选项"按钮，打开"Excel 选项"对话框。

（2）单击左侧的"高级"选项卡，然后单击右侧的"编辑自定义列表"按钮，如图 1-29 所示。此时将会打开"自定义序列"对话框。

工资结算单

图 1-29　Excel 选项

（3）在"输入序列"下方输入要创建的自动填充序列，如图 1-30 所示。

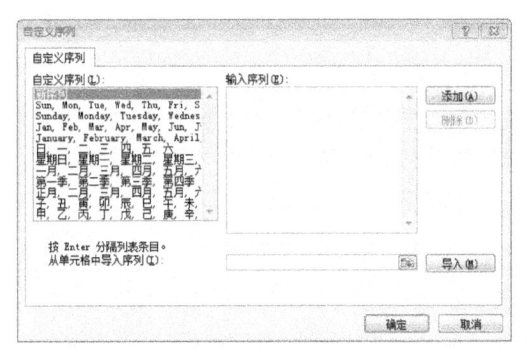

图 1-30　创建新序列

（4）单击"添加"按钮，则新的自定义填充序列出现在左侧"自定义序列"列表的最下方，如图 1-31 所示。

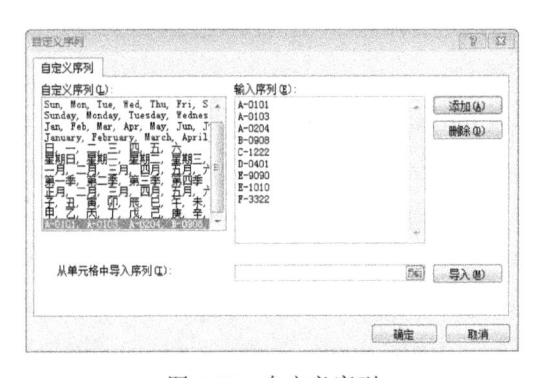

图 1-31　自定义序列

（5）单击"确定"按钮，关闭对话框。

任务实施与检查

1．任务实施

安排 30 分钟学生上机操作。

2．任务检查

教师巡视检查，解答问题。

3．任务评价

（1）教师评价：

任务操作及内容	任 务 评 价
一、手动输入数据	
二、自动填充数据	
三、自定义填充序列填充数据	
总　　评：	

（2）学生自评：

任务操作及内容	任务完成情况
一、手动输入数据	
二、自动填充数据	
三、自定义填充序列填充数据	
总　　评：	
问题与解疑：	

任务四　表格显示和打印

一、表格显示

任务驱动

（1）将"工资结算单"工作表的显示比例设定为 75%；
（2）隐藏"工资结算单"工作表。

基本步骤

1．将"工资结算单"工作表的显示比例设定为 75%

（1）打开"工资结算单"工作表。
（2）单击"视图"菜单，单击"显示比例"按钮，选中 75%，如图 1-32 所示。

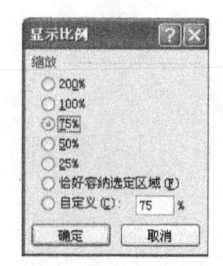

图 1-32　显示比例

（3）单击"确定"按钮，如图 1-33 所示。

图 1-33 显示比例为 75%

2．隐藏"工资结算单"工作表

（1）选中"工资结算单"工作表，右击后，鼠标移至"隐藏"菜单命令处，如图 1-34 所示。
（2）单击"隐藏"命令。

小贴士

将鼠标放在工作表标签处，右击，选中"取消隐藏"菜单命令，选中"工资结算单"工作表，单击"确定"按钮，恢复显示"工资结算单"。

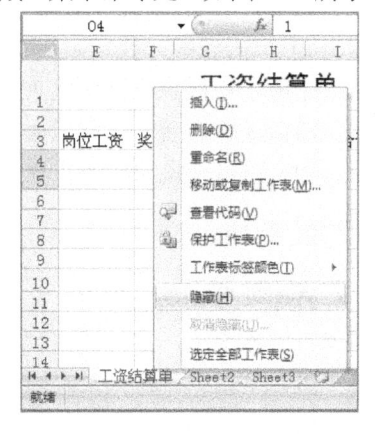

图 1-34 隐藏工作表

二、表格打印

任务驱动

打印"工资结算单"工作表。

知识链接

页面设置和打印操作

对于在 Excel 中建立的工作表，在完成对工作表数据的输入和编辑后，可以轻松地打印成报表。

1．页面设置

在打印工作表之前，可根据需要对工作表进行一些必要的设置，如页面方向、纸张大小、页边距等。

（1）设置页面方向。

页面方向是指页面是横向打印还是纵向打印。若文件的行较多而列较少则可以使用纵向打印，若文件的列较多而行较少则可以使用横向打印。

可以在工作表中直接更改工作表页面的方向,以便在编辑工作表时查看其打印效果,也可以在准备好打印后在"打印机属性"对话框中选择工作表页面的方向。

(2) 设置页边距。

页边距是指正文与页面边缘的距离。页边距设置的步骤如下。

① 在"页面设置"选项卡中,单击"页边距"按钮。

② 若要显示更多选项,可单击"自定义页边距"命令,在"页面设置"对话框的"页边距"选项卡上设置页面的上、下、左、右边距大小。

(3) 设置纸张大小。

设置纸张的大小就是设置以多大的纸张进行打印,如 A3、A4 等,具体步骤为:在"页面设置"选项卡中,单击"纸张大小"按钮,再选择所需纸张大小。

(4) 设置打印区域。

正常情况下打印工作表时,会将整个工作表都打印输出。但有时,只需要打印工作表中的某一部分,其他单元格的数据不要求(或不能)打印输出。这时,可通过设置打印区域来完成该功能,具体操作步骤如下。

① 在工作表中选择需要打印输出的单元格区域。

② 在"页面设置"选项卡中,单击"工作表"按钮可进行设置。

③ 单击选择"打印区域"命令,经所选区域设置为打印区域,这时,该区域周边将出现一个虚线边框。以后对此工作表进行打印或打印预览时,将只能看到打印区域内的数据。

激活工作表后,在所示命令组中选择"取消打印区域"命令,可取消前面设置的打印区域,即又可打印输出整个工作表的数据了。

2. 打印输出

打印项目设置完成后,并且打印预览效果也较为满意时,就可以在打印机上进行真实报表的打印输出了。具体的打印步骤如下。

(1) 单击"Office"按钮打开下拉菜单,选择"打印"命令,出现打印对话框。

(2) 从打印机的"名称"列表框中选择要使用的打印机。

(3) 在打印范围中设置要打印的文档范围。如果选中"全部",则打印文档中的所有页;如果选中"页"单选按钮,并在后面输入起始页范围,可设置文档的打印页码范围。

(4) 在打印内容中可选中多个选项,其含义如下。

- 选定区域:只打印活动工作表中选定区域的内容。
- 整个工作簿:打印当前工作簿中所有工作表的内容。
- 活动工作表:打印活动工作表的内容。

(5) 在"份数"数值框中设置打印的份数。

(6) 若要设置打印机的相关属性,可单击"属性"按钮,打开打印机的属性对话框进行设置。不同的打印机,其属性窗口也不相同。

(7) 在如图 1-35 所示对话框中,选中左侧的"打印"|"打印预览"命令,可进入"打印预览"模式,可在其中对各种打印参数进行设置。

(8) 所有打印参数设置完毕后,单击"确定"按钮,即可开始打印文档内容。

基本步骤

（1）单击"文件"按钮，选中"打印"|"打印预览"命令，如图 1-35 所示。

（2）选中"页面设置"命令可以进行打印前的相关参数设置，如图 1-36 所示。

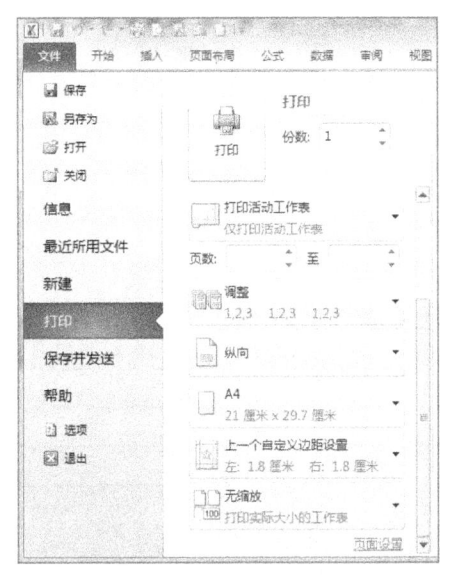

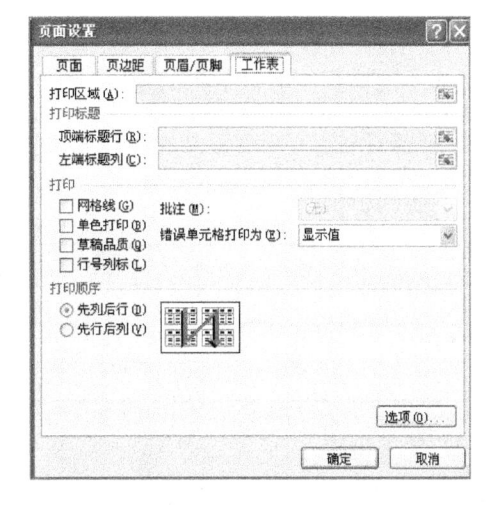

图 1-35 打印工作表　　　　　　　　图 1-36 页面设置

（3）单击"打印"命令，可以设置"打印范围"、"打印内容"和"打印份数"，如图 1-37 所示。

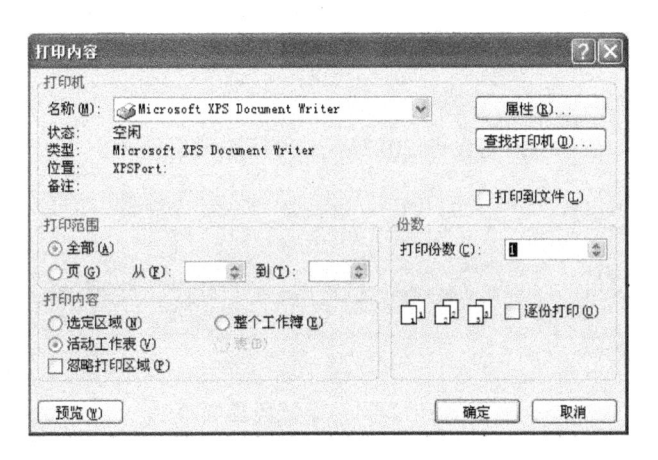

图 1-37 设置打印内容

（4）单击"确定"按钮完成打印。

小贴士

单击"页面布局"菜单也可以完成打印前的相关设置。

任务实施与检查

1．任务实施

安排 15 分钟学生上机操作。

2．任务检查

教师巡视检查，解答学生问题。

3．任务评价

（1）教师评价：

任务操作及内容	任 务 评 价
一、表格显示	
二、表格打印	
总　　评：	

（2）学生自评：

任务操作及内容	任务完成情况
一、表格显示	
二、表格打印	
总　　评：	
问题与解疑：	

边学边练

如图 1-38 所示，为宏达公司设计 2017 年 1 月记账凭证清单。

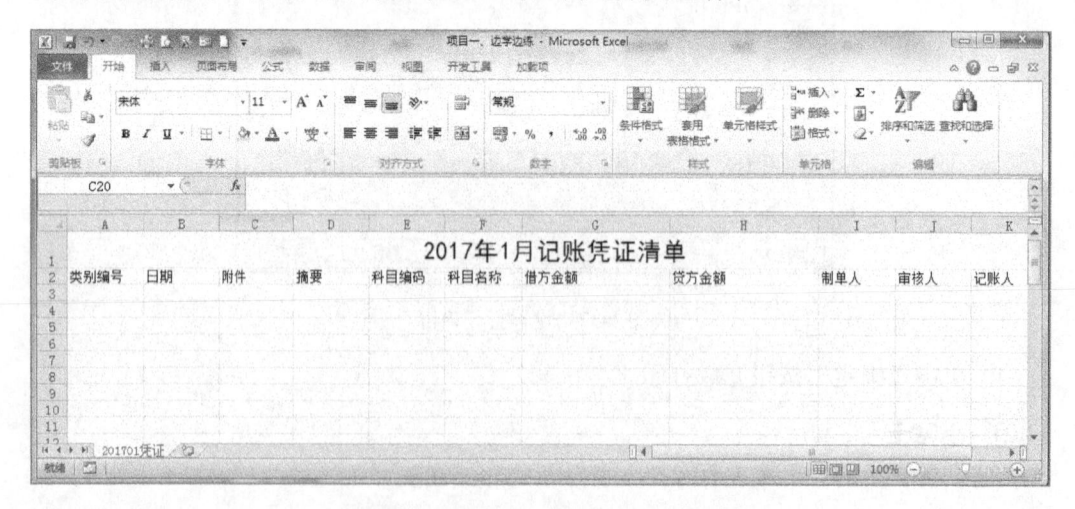

图 1-38　宏达公司"201701 凭证"工作表

要求：

(1) 合并 A1:K1 区域，并设置字体为"黑体"，字号为"20"，水平居中，垂直居中。

(2) 设置 E3:E50 区域为文本型。

(3) 设置 G3:H50 区域为数值型，小数位数为"2"，使用千位分隔符。

(4) 设置第 1 行行高为 30mm，第 2~50 行行高为 14mm。

(5) 设置 G、H 列列宽为 20mm，其他各列列宽为 10mm。

(6) 删除 Sheet2、Sheet3 工作表。

第二篇　会计数据表格设计

项目二

日常管理表格设计

学习目标

❖ 学会设计差旅费报销单及日常费用记录表。
❖ 熟练运用工具设置单元格格式、合并单元格。
❖ 掌握 Excel 函数的运用。

任务目标

❖ 差旅费报销单设计。
❖ 日常费用记录表设计。

任务一　差旅费报销单设计

案例导入

2016 年 12 月 5 日晨，领航科技公司的采购员王鑫和赵江乘坐火车从郑州到武汉出差。并于 12 月 11 日早乘火车返回郑州，出差前预借差旅费 4000 元。公司规定，往返交通工具费用实报，住宿费标准为每人每天不高于 150 元，市内交通补助为每人每天 50 元，伙食补助为每人每天 60 元；从郑州至武汉的往返火车票价格均为 165 元，在此期间两人所住酒店正好和标准一致，请用 Excel 制作一份如图 2-1 所示的差旅费报销单，计算应报销总额并判断是否超出借款金额。

差旅费报销单

年　月　日

姓名						部门			事由					
起		止		起止地点		人数	交通工具	交通费金额	伙食补助		其他补助			
月	日	月	日	起	止				天数	金额	项目	天数	金额	附件
											住宿费			
											交通费			
											邮电费			
											其他补助			张
合计														
报销总额						大写人民币			预支		补领/退回			

单位负责人：　会计主管：　出纳：　报销人：

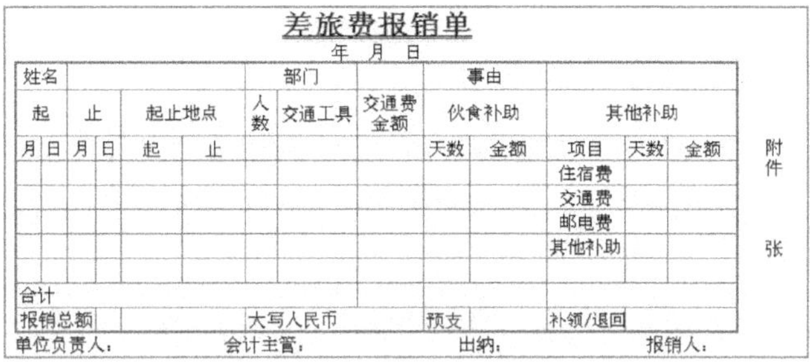

图 2-1　差旅费报销单

要求：

（1）根据图 2-1，制作一张差旅费报销单。

（2）利用 Excel 函数计算差旅费总额。

一、创建工作表结构

任务驱动

（1）新建一个工作簿；

（2）按照提供的格式，设置工作表结构。

知识链接

差旅费报销单作为会计人员对差旅费的开支范围、开支标准等进行审查并编制记账凭证的依据。该单据详细记录了交通费（车、船、飞机等）、出差补助费等内容，是出差人员常用的一种单据。

基本步骤

（1）在 Excel 中单击左上角的“文件”按钮，将新建工作簿命名为“差旅费报销单”。

（2）选中 A1:N1 区域，单击对齐方式组中“合并后居中”

按钮，选中“合并后居中”命令，并分别对以下区域 A2:N2、A3:B3、C3:F3、G3:H3、J3:K3、L3:N3、A4:B4、C4:D4、E4:F4、J4:K4、L4:N4、A11:H11、J11:K11、L11:N11、A12:C12、E12:F12、

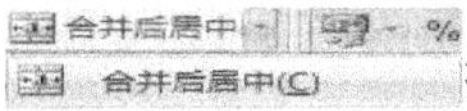

G12:I12、M12:N12、A13:D13、F13:H13、J13:K13、M13:N13、O3:O12 进行合并。如图 2-2 所示。

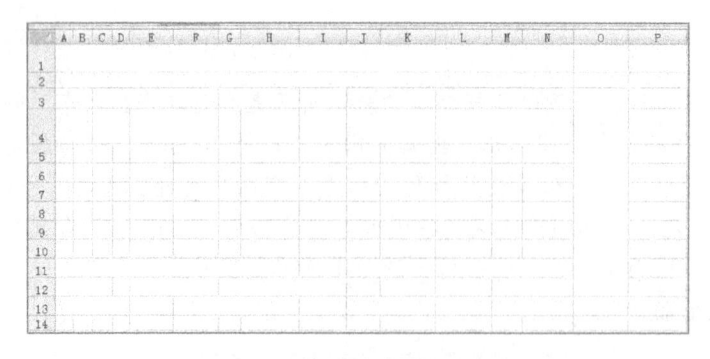

图 2-2　合并单元格区域

（3）选中 A3:N12 区域，单击字体方式组中的边框按钮，选中"其他边框"命令，打开单元格格式对话框，如图 2-3 所示。单击"———"，然后单击"外边框"；单击"——"，然后单击"内部"；单击"颜色"选项卡中的"蓝色"，最后单击"确定"按钮。显示结果如图 2-4 所示。

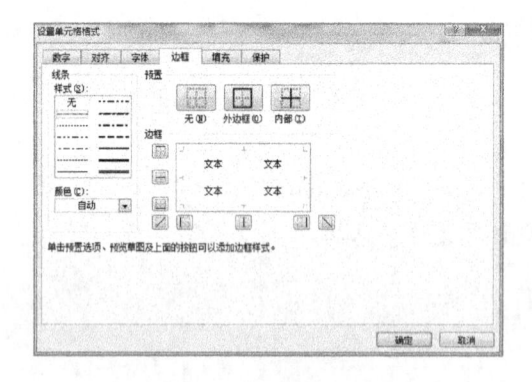

图 2-3　设置单元格格式—边框

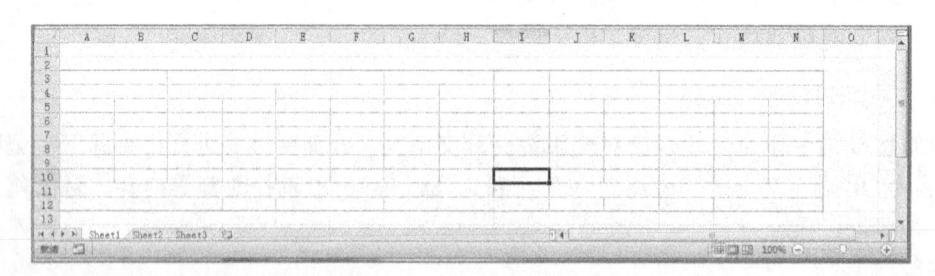

图 2-4　显示结果

二、单据内容格式设计

任务驱动

（1）添加标题并设置醒目的格式。

（2）根据差旅费报销单格式输入内容。

🔸 **基本步骤**

（1）单击 A1 单元格，输入内容，设置字体为"宋体"、字号"20"、"加粗"，单击"下画线"按钮，在下拉菜单中选择"双下画线⒟"按钮。如图 2-5 所示。并根据图 2-1 输入相关内容。

图 2-5　设置格式

（2）选中 A4:N4 区域，单击对齐方式组中的"自动换行"按钮，选中并设置合适的行高、列宽。选中 A2:N11 区域，设置字号为"12"，设置对齐方式"居中"，E12、I12 居左。

（3）单击 O3 单元格，在对齐方式组中选择"方向"按钮，在下拉列表中选中"竖排文字"命令。

（4）按住【Ctrl】键，选中单元格区域 I5:I11、K5:K11、N5:N11，用"设置单元格格式"命令将区域均设置为货币格式，将 E12 设置为数值型。单击 D12 单元格，在插入选项卡中，选中文本方式组中的"符号"命令，打开符号对话框，找到"¥"，单击"插入"按钮，完成后如图 2-6 所示。

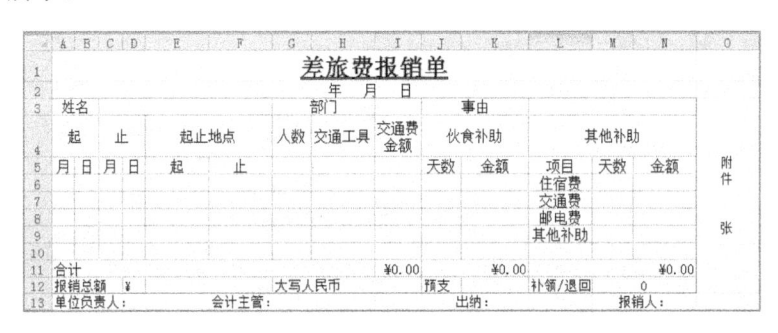

图 2-6　完成后效果

🎯 **小贴士**

设置合适的行高列宽时，在选定区域，单击自动换行按钮后，将鼠标放在两个列标中间，待鼠标变换形状后双击，将自动调整到合适列宽。

三、设计表格中的计算公式

（1）选中 I11 单元格，切换到"公式"选项卡，然后选中"插入函数"命令，依次选择"常用函数"、"SUM"函数，在弹出的"函数参数"对话框中输入函数参数，如图 2-7 所示。

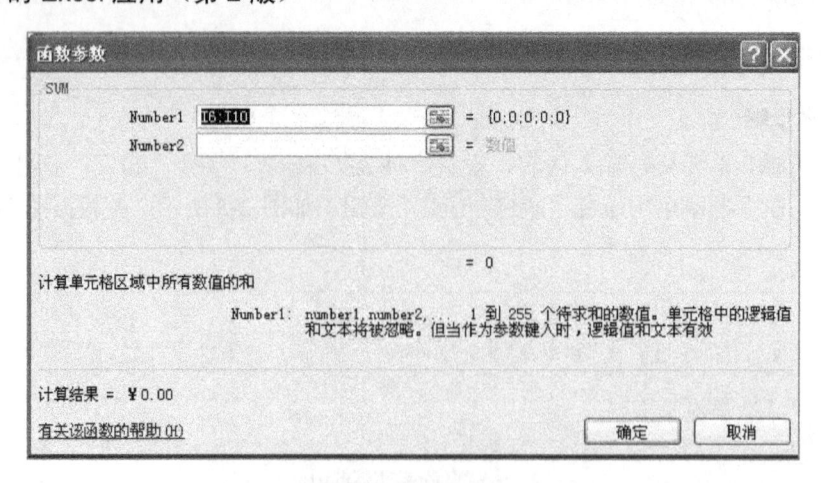

图 2-7 输入函数参数

（2）单击"确定"按钮，当在 I6:I10 单元格内输入数据时，在 I11 单元格将自动显示合计金额。与以上操作方法一致，将 K11 单元格公式设置为 SUM（K6:K10），L11 单元格公式设置为 SUM（N6:N10）。

（3）选中 M12 单元格，切换到"公式"选项卡，单击"函数库"组中的"插入函数"命令，在弹出的"插入函数"对话框中，选择类别为"数学与三角函数"，选中"ABS 函数"并单击"确定"按钮，如图 2-8 所示。然后，在"函数参数"对话框中设置公式，如图 2-9 所示。或者在"f_x"输入"=ABS(K12–E12)"，回车键确认，当 K12 单元格输入相应数值后，M12 将自动显示金额。

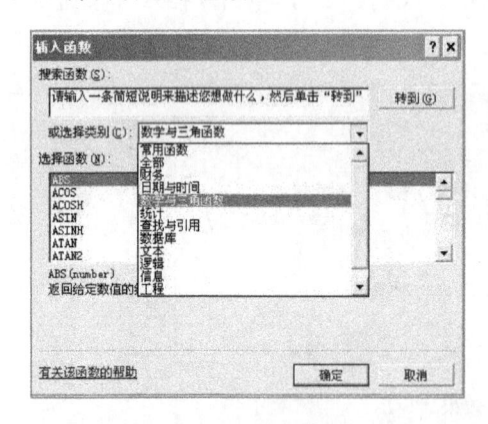

图 2-8 插入函数 　　　　　　　　　　图 2-9 设置公式

（4）选中 E12 单元格，并输入公式为 =I11+J11+L11，回车键确认，公式设置完毕。当前面输入数据后，E12 将自动显示合计金额。

四、后期整理和保存工作表

（1）建立文件夹，将文件保存到指定文件夹里。注意：文件"另存为"在左上角"文件"按钮里，也可用快捷键【Ctrl+S】完成保存操作。

（2）选中 I3 单元格，然后切换到"数据"选项卡，单击"数据工具"组中的"数据有效性"按钮左侧的下拉箭头，在弹出的快捷菜单中，选中"数据有效性"命令，打开"数据有效性"对话框，并切换至"设置"选项卡，在"允许"下拉列表中选择"序列"选项，在来源文本框中输入"人事部, 财务部, 销售部, 采购部, 供应部"，如图 2-10 所示。

（3）切换至"出错警告"选项卡，在样式下拉菜单中选择"信息"项，"错误信息"文本框内输入参数"请选择部门"，单击"确定"按钮，如图 2-11 所示。

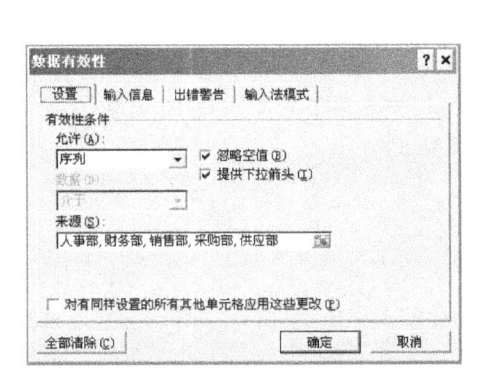

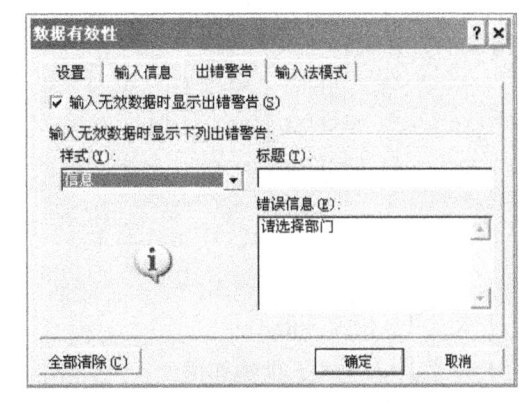

图 2-10　输入文字　　　　　　　　图 2-11　设置出错警告

（4）将王鑫和赵江出差的数据输入差旅费报销单中，如图 2-12 所示。

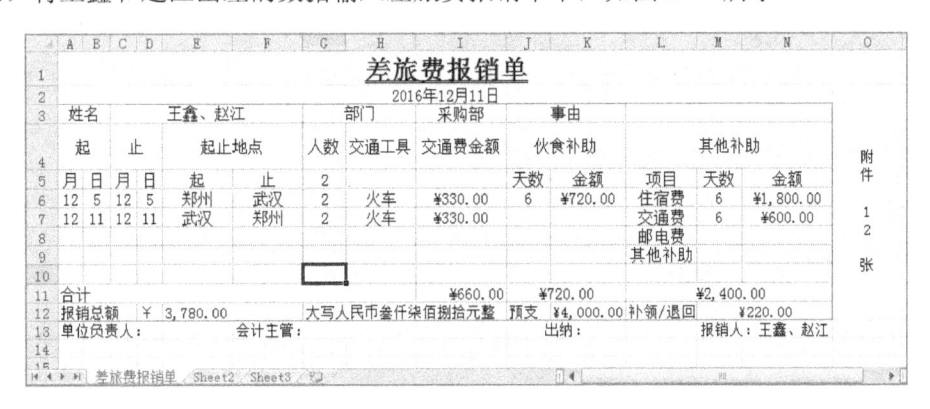

图 2-12　输入数据

（5）最后将文件另存为"2016-12-5 武汉出差"，并归还财务 220 元现金。

小贴士

1. SUM 函数

【类型】数学函数。

【格式】SUM(number1,number2,…)

【功能】返回某一单元格区域中所有数字之和。

【说明】"number1, number2,…"为 1～30 个需要求和的参数。

差旅费报销单

27

（1）直接输入参数表中的数字、逻辑值及数字的文本表达式将被计算。

（2）如果参数为数组或引用，只有其中的数字将被计算。数组或引用中的空白单元格、逻辑值、文本或错误值将被忽略。

（3）如果参数为错误值或为不能转换成数字的文本，将会导致错误。

【举例】

（1）公式"=SUM（3,2）"表示"将3和2相加"。

（2）公式"=SUM（3,2,TRUE）"表示"将3、2和1相加"，因为文本值被转换为数字，逻辑值TRUE被转换成数字1。

（3）公式"=SUM（A1:A3）"表示"将A1、A2、A3三个数相加"。

（4）公式"=SUM（A1:A3,10）"表示"将A1、A2、A3三个数之和与10相加"。

（5）公式"=SUM（A:A）"表示"将A列的所有数相加"。

2．ABS函数

【类型】数学函数。

【格式】ABS（number）

【功能】返回数字的绝对值。

【说明】"number"为需要计算绝对值的实数。

【举例】

（1）公式"=ABS(2)"表示"2的绝对值"结果为"2"。

（2）公式"=ABS(−2)"表示"−2的绝对值"结果为"2"。

（3）公式"=ABS(A2)"若A2单元格的值为−4，则表示"−4的绝对值"结果为"4"。

任务实施与检查

1．任务实施

安排30分钟学生上机操作。

2．任务检查

教师巡视检查，解答学生问题。

3．任务评价

（1）教师评价：

任务操作及内容	任务评价
一、创建工作表结构	
二、单据内容格式设计	
三、设计表格中的计算公式	
四、后期整理和保存工作表	
总　　评：	

(2)学生自评：

任务操作及内容	任务完成情况
一、创建工作表结构	
二、单据内容格式设计	
三、设计表格中的计算公式	
四、后期整理和保存工作表	
总　　评：	
问题与解疑：	

任务二　日常费用记录表设计

案例导入

在一个单位的日常管理活动中，经常会发生一些费用支出，为了更好地反映、控制这些日常支出，有关管理部门需要通过适当方式将这些费用统计出来。由于 Excel 提供了强大的计算、统计、分析功能，所以在一个单位的日常费用管理中，可以借助 Excel 来提高工作效率。

一、建立记录表格

任务驱动

（1）根据需要，设计日常费用记录表；
（2）保存记录表。

基本步骤

（1）在 Excel 中单击"文件"按钮，选中"新建"命令，如图 2-13 所示；将 Sheet1 表重新命名为"日常费用记录表"，如图 2-14 所示。

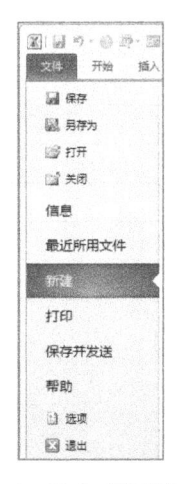

图 2-13　选中"新建"命令　　　　图 2-14　重命名 Sheet1

(2)创建完成后，单击"文件"按钮下的"另存为"命令，将此工作表保存为"日常费用记录表"，如图 2-15 所示。也可使用快捷键【Ctrl+S】完成保存操作。通常建立一个文件夹，并将该表保存到指定文件夹中。

图 2-15 保存工作表

二、表格格式设计

案例导入

领航科技公司的日常费用，如表 2-1 所示。

表 2-1 领航公司日常费用记录表　　　　　　　　　　单位：元

时间	姓名	费用类别	所属部门	支出	结余	备注
2016-12-1		办公费			10000.00	期初结余
2016-12-1	陈明	培训费	生产部	800.00	9200.00	业务培训
2016-12-2	刘玲	交通费	策划部	146.00	9054.00	交通发票
2016-12-11	赵江	差旅费	采购部	1890.00	7164.00	武汉
2016-12-11	王鑫	差旅费	采购部	1890.00	5274.00	武汉
2016-12-15	张宏	通信费	市场部	200.00	5074.00	联系客户
2016-12-18	赵华	招待费	行政部	1200.00	3874.00	业务招待
2016-12-19	周强	宣传费	销售部	3500.00	374.00	广告

任务驱动

(1)创建如图 2-1 所示的日常费用记录表；
(2)设置单元格格式；
(3)保存图表。

基本步骤

（1）如图 2-16 所示，在 A1 单元格中输入内容，并将 A1:G1 区域合并，并设置居中。字体设置为：宋体，18 号，加粗。

图 2-16　设置表头

（2）选中 A 列，将格式设置为日期格式，选择单元格选项卡，单击"格式"项，在下拉菜单中选择"设置单元格格式"命令，打开"设置单元格格式"对话框，切换至"数字"选项卡，在分类下列表中选择"日期"项，类型选择如图 2-17 所示，单击"确定"按钮。

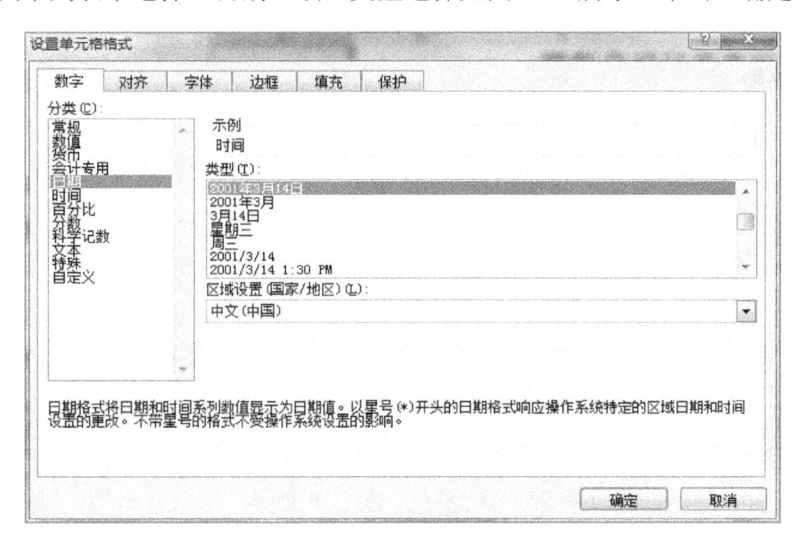

图 2-17　设置 A 列格式

（3）按【Ctrl】键分别选中 E 列、F 列，并设置单元格类型为：会计专用，小数位数为 2 位，无货币符号，如图 2-18 所示。

（4）将 A:G 列列宽设置为 14mm，第 2~14 行行高设置为 18mm。

（5）选中 A2:G14 区域，单击对齐方式选项卡中的"居中"项。

（6）设置完成后，单击 按钮保存，或按快捷键【Ctrl+S】完成保存。

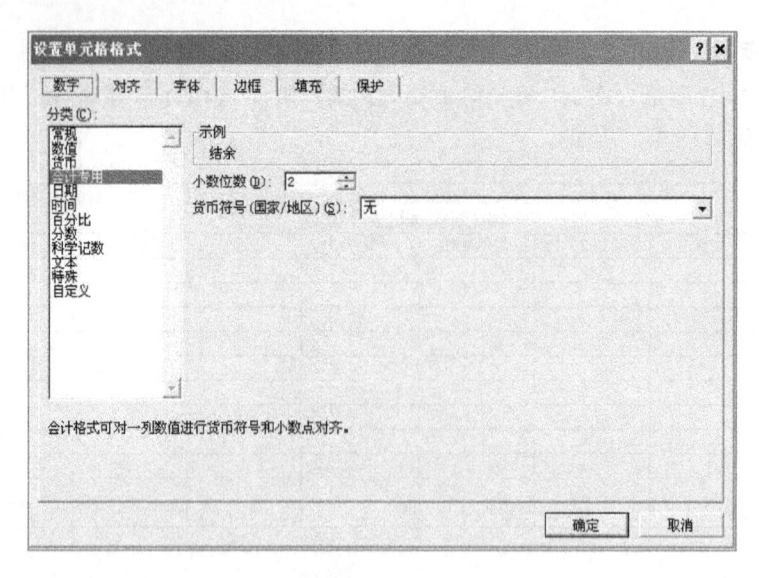

图 2-18　设置 E 列、F 列格式

三、输入数据和有效性控制

案例导入

接上一案例。

任务驱动

（1）直接输入数据，利用公式进行计算；
（2）利用数据有效性，输入数据。

知识链接

数据有效性验证，即可以定义要在单元格中输入的数据类型。例如，仅可以输入 A～F 的字母，则可以设置数据有效性验证，以避免用户输入无效的数据；或者允许输入无效数据，但在用户结束输入后进行检查。还可以提供信息，以定义期望在单元格中输入的内容，以及帮助用户改正错误的指令。数据有效性验证在实际工作中很实用。

基本步骤

（1）选中 C 列，切换到"数据"选项卡，单击"数据工具"组中的"数据有效性"按钮左侧的下拉箭头，在弹出的快捷菜单中，选中"数据有效性"命令，打开"数据有效性"对话框，切换至"设置"选项卡，在"允许"下拉列表中选择"序列"项，在来源文本框中输入"办公费，培训费，交通费，差旅费，通信费，招待费，宣传费"，如图 2-19 所示。

（2）在"出错警告"选项卡中，样式栏内选择"信息"，在错误信息中输入"请选择费用类别"，如图 2-20 所示。

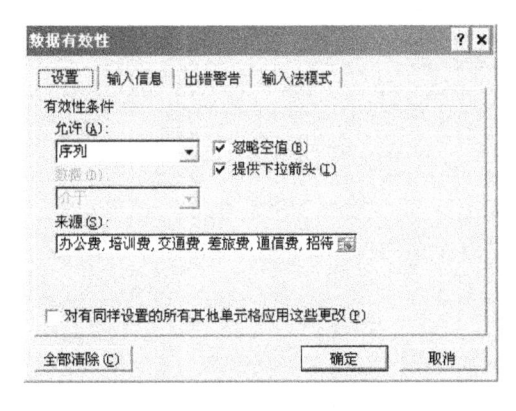

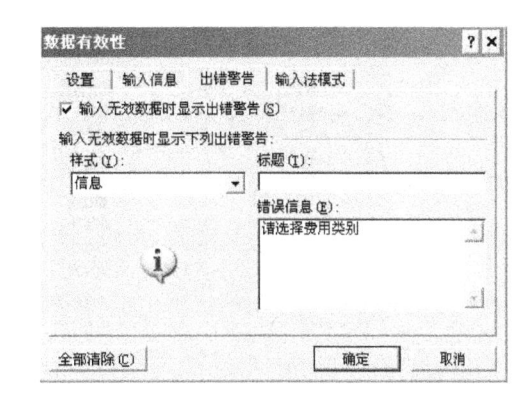

图 2-19　数据有效性设置 1　　　　　　　图 2-20　设置错误警告 1

（3）同样的方法，选中 D 列，在"数据有效性"对话框中切换至"设置"选项卡，在"允许"下拉列表中选择"序列"项，在来源文本框中输入"生产部,策划部,采购部,市场部,行政部,销售部"，如图 2-21 所示。

（4）在"出错警告"选项卡中，样式栏内选择"信息"，在错误信息中输入"请选择部门"，如图 2-22 所示。

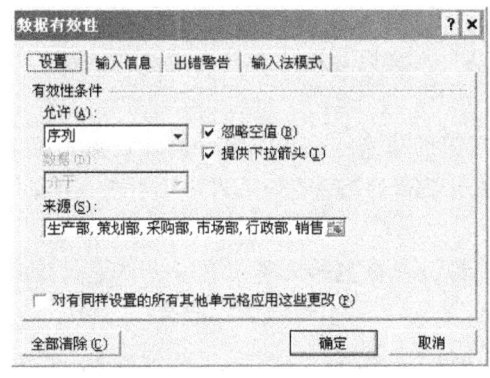

图 2-21　数据有效性设置 2　　　　　　　图 2-22　设置错误警告 2

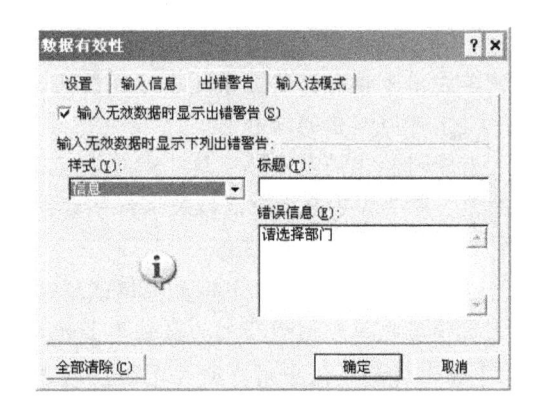

（5）选择 F4 单元格，设置公式为"=F3-E4"，如图 2-23 所示。然后按住鼠标向下拖动填充柄，完成结余的公式设置。

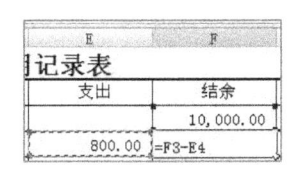

图 2-23　设置公式

（6）完成后的日常费用记录表，如图 2-24 所示。

	A	B	C	D	E	F	G
1				领航公司日常费用记录表			
2	时间	姓名	费用类别	所属部门	支出	结余	备注
3	2016年12月1日		办公费			10,000.00	期初结余
4	2016年12月1日	陈明	培训费	生产部	800.00	9,200.00	业务培训
5	2016年12月2日	刘玲	交通费	策划部	146.00	9,054.00	交通发票
6	2016年12月11日	赵江	差旅费	采购部	1,890.00	7,164.00	武汉
7	2016年12月11日	王鑫	差旅费	采购部	1,890.00	5,274.00	武汉
8	2016年12月15日	张宏	通信费	市场部	200.00	5,074.00	联系客户
9	2016年12月18日	赵华	招待费	行政部	1,200.00	3,874.00	业务招待
10	2016年12月19日	周强	宣传费	销售部	3,500.00	374.00	广告

图 2-24 完成后的效果

小贴士

（1）Excel 使用户可以为单元格指定以下类型的有效数据。

【数值】指定单元格中的条目必须是整数或小数。可以设置最小值或最大值，将某个数值或范围排除在外，或者使用公式计算数值是否有效。

【日期和时间】设置最小值或最大值，将某些日期或时间排除在外，或者使用公式计算日期或时间是否有效。

【长度】限制单元格中可以输入的字符个数，或者要求至少输入的字符个数。

【值列表】为单元格创建一个选项列表（如小、中、大），只允许在单元格中输入这些值。用户单击单元格时，将显示一个下拉箭头，从而使用户可以轻松地在列表中进行选择。

（2）可以显示的消息类型。

对于所验证的每个单元格，都可以显示两类不同的消息：一类是用户输入数据之前显示的消息，另一类是用户尝试输入不符合要求的数据时显示的消息。如果用户已打开 Office 助手，则助手将显示这些消息。

【输入消息】一旦用户单击已经过验证的单元格，便会显示此类消息。可以通过输入消息来提供要在单元格中输入的数据类型的指令。

【错误消息】仅当用户输入无效数据并按下【Enter】键时，才会显示此类消息。可以从以下三类错误消息中进行选择：

- 信息消息：此类消息不阻止输入无效数据。除所提供的文本外，它还包含一个消息图标、一个"确定"按钮（用于在单元格中输入无效数据）和一个"取消"按钮（用于恢复单元格中的前一个值）。
- 警告消息：此类消息不阻止输入无效数据。它包含用户提供的文本、警告图标和三个按钮："是"用于在单元格中输入无效数据，"否"用于返回单元格进一步进行编辑，"取消"用于恢复单元格的前一个值。
- 停止消息：此类消息不允许输入无效数据。它包含用户提供的文本、停止图标和两个按钮："重试"用于返回单元格进一步进行编辑，"取消"用于恢复单元格的前一个值。请注意，不能将此类消息作为一种安全措施：虽然用户无法通过输入和按【Enter】键输入无效数据，但是他们可以通过复制和粘贴或者在单元格中填写数据的方式来通过验证。

如果未指定任何信息，则 Excel 会标记用户输入数据是否有效，以便以后进行检查，但用户输入的数据无效时，它不会通知用户。

四、分类汇总数据

案例导入

接上一案例。

任务驱动

（1）按要求进行分类汇总；
（2）保存汇总数据。

知识链接

分类汇总是对所有资料分类进行汇总。日常工作中经常接触到 Excel 二维数据表格，经常需要根据表中某列数据字段对数据进行分类汇总。在分类汇总功能中，以汇总方式的形式提供了几种用于分类汇总的统计函数，它们是求和、计数、平均值、最大值、最小值、乘积、计数值、标准偏差、总体标准偏差、方差、总体方差 11 种。

基本步骤

（1）为使操作结果不影响原始数据，可先将日常费用统计表中的全部数据复制到另一新工作表中。

（2）单击"数据"选项卡，单击"分级显示"组中的"分类汇总"按钮，打开"分类汇总"对话框，在"分类字段"的下拉列表中选择"所属部门"项，在"汇总方式"下拉列表框中选择"求和"项，在"选定汇总项"列表框中选中"支出"复选框，并选中下方的"替换当前分类汇总"和"汇总结果显示在数据下方"复选框，如图 2-25 所示。

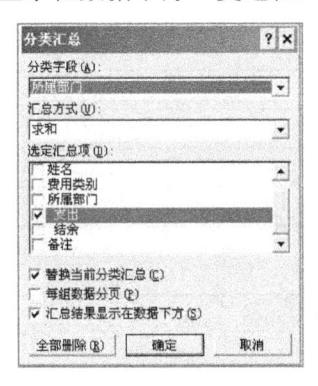

图 2-25 分类汇总设置

（3）单击"确定"按钮，得到最后的结果，如图 2-26 所示。

（4）单击分类汇总数据表左侧的分级显示按钮，便可创建分类汇总报表，用户可以选择显示全部记录，或只显示每部分汇总结果。

（5）单击"保存"按钮，或按【Ctrl+S】快捷键进行保存。

（6）在分类汇总对话框中，若单击"全部删除"按钮，即可取消分类汇总。

	A	B	C	D	E	F	G
1	领航公司日常费用记录表							
2	时间	姓名	费用类别	所属部门	支出	结余	备注
3	2016年12月1日		办公费			10,000.00	期初结余
4	2016年12月1日	陈明	培训费	生产部	800.00	9,200.00	业务培训
5				生产部 汇总	800.00		
6	2016年12月2日	刘玲	交通费	策划部	146.00	9,054.00	交通发票
7				策划部 汇总	146.00		
8	2016年12月11日	赵江	差旅费	采购部	1,890.00	7,164.00	武汉
9	2016年12月11日	王鑫	差旅费	采购部	1,890.00	5,274.00	武汉
10				采购部 汇总	3,780.00		
11	2016年12月15日	张宏	通信费	市场部	200.00	5,074.00	联系客户
12				市场部 汇总	200.00		
13	2016年12月18日	赵华	招待费	行政部	1,200.00	3,874.00	业务招待
14				行政部 汇总	1,200.00		
15	2016年12月19日	周强	宣传费	销售部	3,500.00	374.00	广告
16				销售部 汇总	3,500.00		
17				总计	9,626.00		

图 2-26　输出结果

任务实施与检查

1. 任务实施

安排 60 分钟学生上机操作。

2. 任务检查

教师巡视检查，解答问题。

3. 任务评价

（1）教师评价：

任务操作及内容	任 务 评 价
一、建立记录表格	
二、表格格式设计	
三、输入数据和有效性控制	
四、分类汇总数据	
总　　评：	

（2）学生自评：

任务操作及内容	任务完成情况
一、建立记录表格	
二、表格格式设计	
三、输入数据和有效性控制	
四、分类汇总数据	
总　　评：	
问题与解疑：	

边学边练

1. 设计华夏公司的差旅费报销单

要求：

（1）以图 2-27 的格式制作表格，输入表的内容，并画表格线。

（2）标题为"宋体"、字号"20"、"加粗"、水平居中、垂直居中、设置为双下画线。

（3）正文字体为"宋体"、字号"12"，根据格式设置为居中和居左。

（4）利用 SUM 函数设置"合计"栏公式。

（5）利用 ABS 函数设置"补领/退回"公式。

（6）2016 年 12 月 4 日至 12 月 6 日，财务部李毅从郑州到北京参加培训，食宿自理，预借差旅费 2000 元，往返乘坐火车，车票均为 365 元，市内交通补助为 50 元/天，伙食补助为 60 元/天，住宿费为 600 元。将上述内容填入设计好的差旅费报销单中，并计算出李毅应该补领还是退回现金，金额为多少。

图 2-27 差旅费报销单

2. 设计日常费用记录表

要求：

（1）以图 2-28 的格式制作表格，输入表的内容，并画表格线。

（2）标题字体设置为宋体，18 号，加粗。

（3）正文字体设置为宋体，16 号，居中。

（4）时间设置为日期格式。

（5）支出、结余设置为会计专用，小数位数为 2 位，并且无货币符号。

（6）设置结余公式为上一行结余减本次支出。

（7）分类汇总以上费用记录。

华夏公司差旅费报销单

华夏公司日常费用记录表

时间	姓名	费用类别	所属部门	支出	结余	备注
2016-12-1		办公费			6000.00	期初结余
2016-12-3	王丽	交通费	策划部	560.00	5440.00	交通发票
2016-12-9	刘海	差旅费	采购部	1560.00	3880.00	北京
2016-12-11	张杰	通信费	市场部	150.00	3730.00	联系客户
2016-12-15	周磊	招待费	行政部	750.00	2980.00	业务招待
2016-12-16	宋辉	宣传费	销售部	2500.00	480.00	广告

图 2-28 华夏公司日常费用记录表

华夏公司日常费用记录表

项目三

销售库存管理表格设计

学习目标

- ❖ 学会设计入库单、出库单、库存总账表及材料入库表、出库表。
- ❖ 熟练运用工具定义计算公式。
- ❖ 掌握手动输入财务数据和自动填充财务数据。

任务目标

- ❖ 入库单、出库单设计。
- ❖ 库存总账表设计。
- ❖ 月份材料入库表、出库表设计及数据筛选。

任务一　入库单、出库单的设计

案例导入

宏达公司有成品库和材料库两类仓库，两个仓库的计价方式都采用先进先出法，成品库里存放产成品，原材料库存放原材料。之前仓库管理有些混乱，现在公司领导要求加强库存管理，确保物流畅通。公司为了节约成本，没有购买库存管理软件，要求用 Excel 表格实现库存管理的功能。以下以原材料的管理表格为例，讲述 Excel 在库存管理中的应用。

材料代码及计量单位见表 3-1。

表 3-1　材料代码及计量单位

存 货 代 码	材 料 名 称	计 量 单 位
CL-101	甲材料	张
CL-102	乙材料	个
CL-103	丙材料	盒

要求设计宏达公司入库单、出库单，格式如图 3-1、图 3-2 所示。

入库单					
入库单号	03-001	入库日期	2016-3-12		
仓库	材料库	供货单位	大河公司		
存货编码	存货名称	计量单位	数量	单价	金额
CL-101	甲材料	张	20.00	20.30	406.00
主管	会计	验收人		交库人	

图 3-1　入库单

出库单					
出库单号	03-001	出库日期	2016-3-13	发出仓库	材料库
存货编码	存货名称	计量单位	数量	单价	金额
CL-101	甲材料	张	10	20.3	203
主管	会计	保管人		领物人	

图 3-2　出库单

一、创建工作表结构

任务驱动

（1）新建一张电子表格；

（2）按照入库单、出库单格式设计电子表格；

(3) 整理保存入库单、出库单电子表格。

知识链接

存货是指企业在生产过程中未销售或耗用而储存的各种资产，包括商品、产成品、半成品、在产品，以及各种材料、燃料、包装物、低值易耗品等。存货是企业的一项重要的流动资产，其价值在企业流动资产中占有很大的比重。适量的存货是保证企业生产经营顺利进行的必要条件。

库存管理的主要任务是通过对企业存货进行管理，即对存货进行入库及出库管理，并有效地进行库存控制，实时地进行库存账表查询及统计分析，能够满足采购入库、销售出库、产成品入库、材料出库、其他出入库等业务需要。

基本步骤

1．新建一张电子表格

（1）选择菜单栏中的"开始"|"所有程序"|"Microsoft Office"|"Microsoft Excel 2010"命令，打开一个工作表。

（2）单击左上角"文件"菜单，选中"另存为"命令，选择"Excel 工作簿"（以默认的文件格式保存工作簿）。

（3）输入文件名"入库单"，并保存在设定的目录中。

2．单据内容格式设计

（1）设置组合单元和表格标题。

一般表格标题在整个表格中处于居中位置，字体比表格中一般项目要醒目。

在 A1 单元中输入表格标题"入库单"；选中 A1:F1 区域，再选择菜单栏中的"开始"|"格式"|"设置单元格格式"命令，如图 3-3 所示。

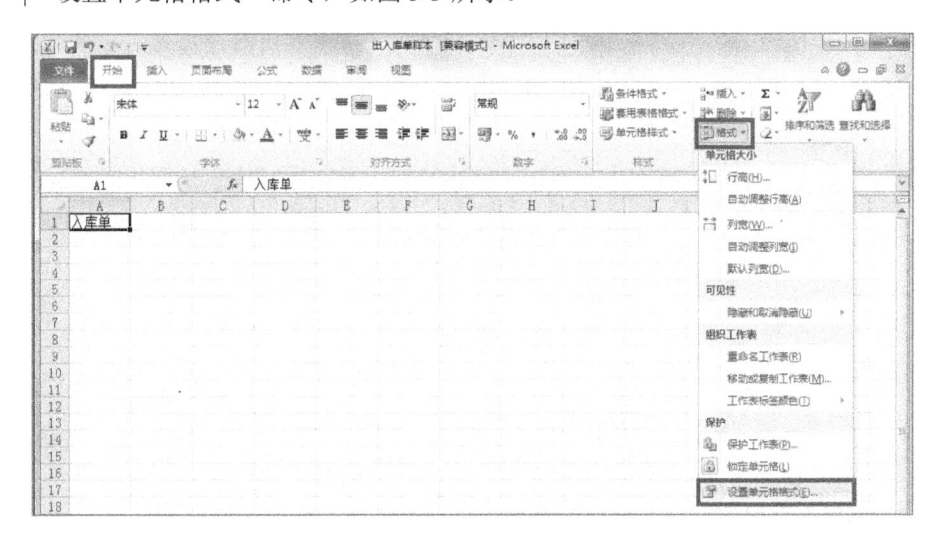

图 3-3　输入表格标题

在"设置单元格格式"对话框的"对齐"选项卡中,选择水平对齐为"居中",选中"合并单元格"前的复选框;如图 3-4 所示。在设置单元格格式对话框的"字体"选项卡中,选择字体为"宋体",字型为"加粗",字号为"14",再单击"确定"按钮。

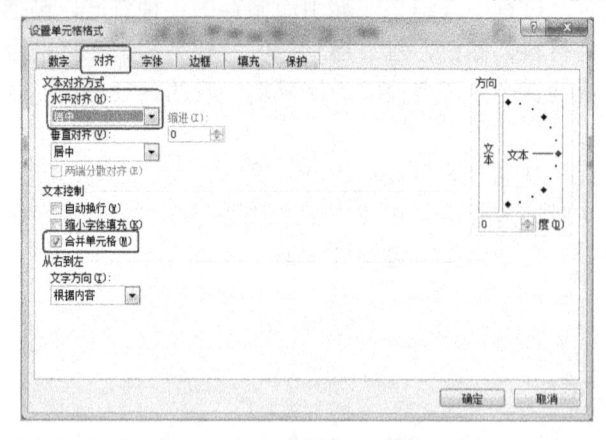

图 3-4 设置单元格格式

(2)设计表体、表头、表尾。

① 在标题下一行,输入表头、表体及表尾的内容,如图 3-5 所示。

图 3-5 输入表头、表体及表尾

② 根据需要,调整行高和列宽。

- 选中 A1:F10 区域,选中菜单栏中的"开始"|"格式"命令,设置行高为 20,列宽为 12,如图 3-6 所示。

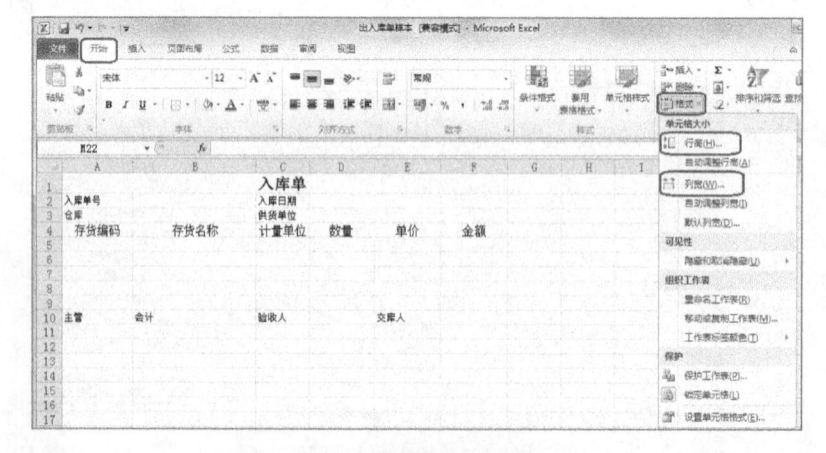

图 3-6 设置行高与列宽

项目三　销售库存管理表格设计

- 也可根据需要单独调整每一行的行高或每一列的列宽，即将鼠标放到行标或列标上，当鼠标变成实心的十字时，即可进行行高的高低调整或列宽的宽窄调整。
③ 画表格线。

选中 A4:F9 区域，选中菜单栏中的"开始"|"边框"|"所有框线"命令，为此区域画上表格线，如图 3-7 所示。

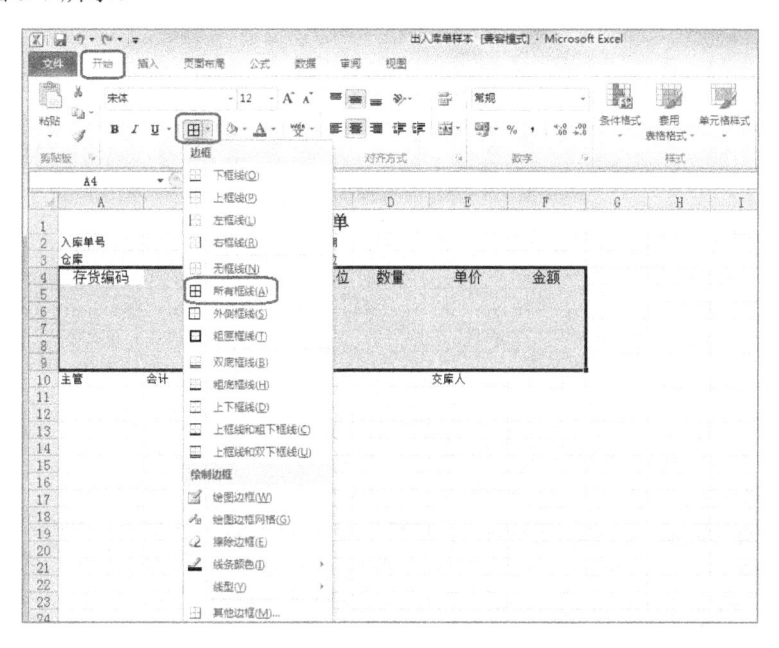

图 3-7　画表格线

④ 设置表头、表体、表尾字体。

选中第二行、第三行，右击选中的部分，选中"单元格格式设置"命令，在"设置单元格格式"对话框中，设置第二行、第三行字体为 10 号、常规、宋体，如图 3-8 所示。

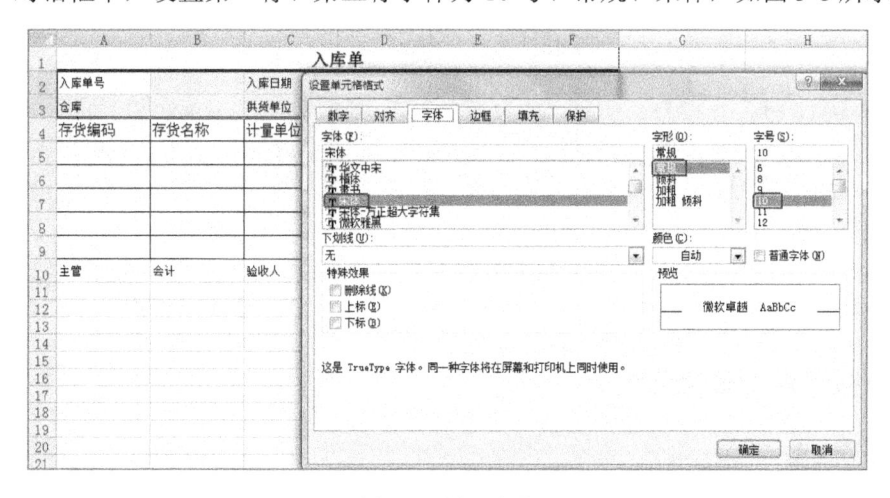

图 3-8　设置字体

43

同理，设置第 10 行字体也为 10 号、常规、宋体。

选择第四行表体中的表头，选中如图 3-9 所示的居中标志 ，设置字体为 12 号、常规、宋体。

图 3-9　选中居中标志设置字体

（3）定义单元属性。

①选中 D5:F9 区域，右击，选择"单元格格式设置"命令，打开"设置单元格格式"对话框，在"数字"选项卡中选择"数值"、"-1234.10"格式，如图 3-10 所示。

②选中 A5:C9 区域，设置单元格格式为文本。

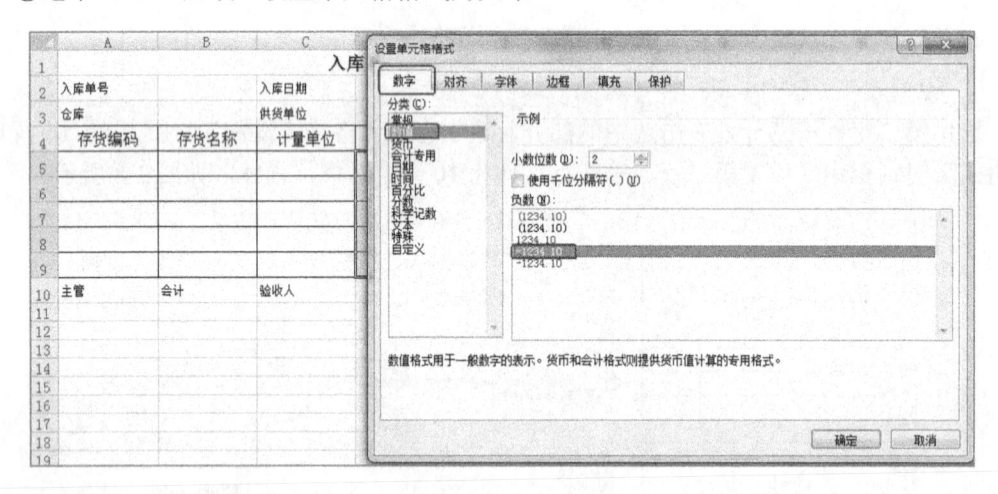

图 3-10　设定单元格格式

二、设计表格中的计算公式

任务驱动

（1）定义表格中的计算公式；
（2）保存电子表格。

项目三　销售库存管理表格设计

🛠 基本步骤

1．定义金额栏公式

入库单的金额是数量和单价的乘积，所以设置金额栏的公式为"数量栏×单价栏"。

（1）输入表体内容：存货编码：CL-101；存货名称：甲材料；计量单位：张；数量：20；单价：20.3。

（2）选中 F5 单元格，单击公式按钮 ，打开"插入函数"对话框，选择"数学与三角函数"中的计算所有参数的乘积函数 PRODUCT，单击"确定"按钮，如图 3-11 所示。

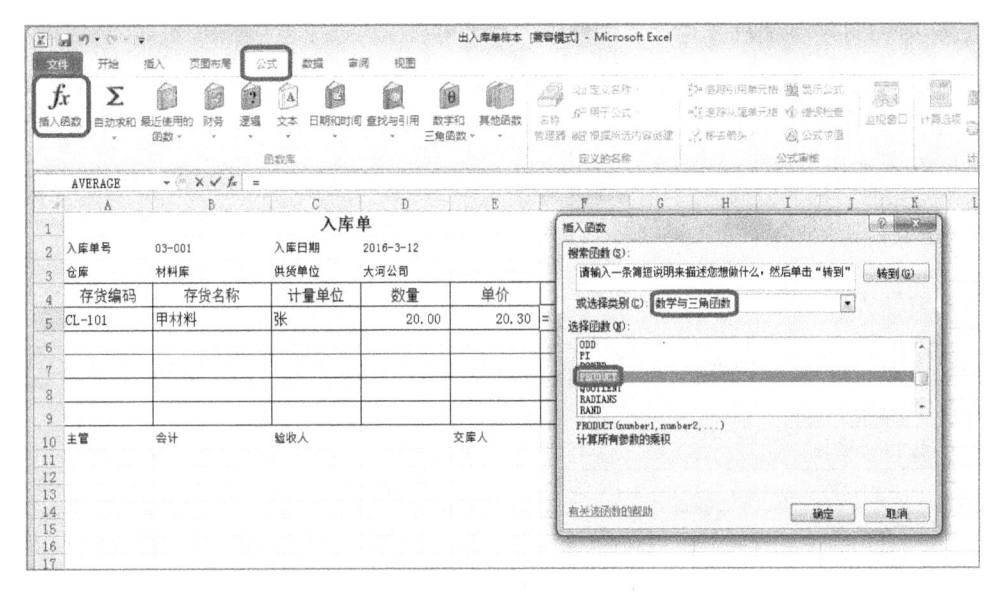

图 3-11　插入函数

（3）弹出"函数参数"对话框，在 Number1 的文本框内输入参与计算的区域 D5:E5，单击"确定"按钮，如图 3-12 所示。

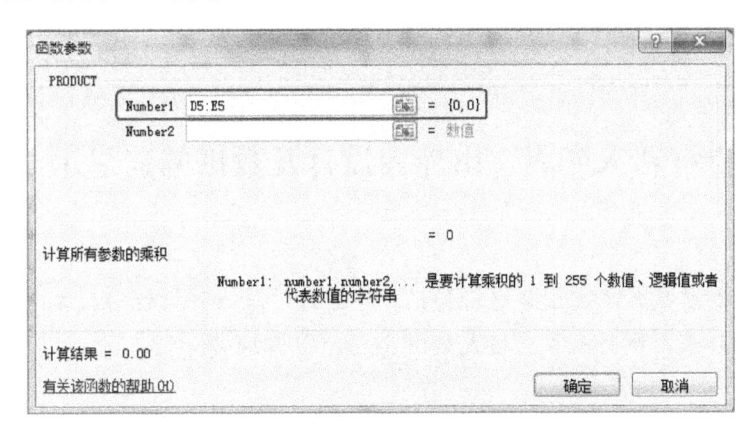

图 3-12　设置函数参数

45

2．复制公式

（1）步骤同上继续设置F6~F9单元格的公式，也可将光标移到F5单元格的右下角，当光标变成实心的十字时，向下拖曳鼠标至F9，即复制了公式到F6~F9单元格。

（2）设置完成后单击"保存"按钮 即可。

任务实施与检查

1．任务实施

安排30分钟学生上机操作。

2．任务检查

教师巡视检查，解答问题。

3．任务评价

（1）教师评价：

任务操作及内容	任 务 评 价
一、创建工作表结构	
二、设计表格中的计算公式	
总　　评：	

（2）学生自评：

任务操作及内容	任务完成情况
一、创建工作表结构	
二、设计表格中的计算公式	
总　　评：	
问题与解疑：	

任务二　月份材料入库表、出库表设计及数据筛选显示

案例导入

对公司每月材料的入库、出库进行登记，可随时对每一种材料出入库情况筛选查看及统计处理。材料入库表、材料出库表格式如图3-13、图3-14所示。

材料入库表

入库单号	供货商单位	入库日期	有无发票	材料代码	材料名称	计量单位	数量	单价	金额
03-001	大河公司	2016-3-12	有	CL-101	甲材料	张	20	20.30	406.00
03-002	名成公司	2016-3-13	有	CL-102	乙材料	个	15	20.20	303.00
03-003	名成公司	2016-3-14	有	CL-102	乙材料	个	20	20.80	416.00
03-004	利明集团	2016-3-15	有	CL-103	丙材料	盒	30	30.60	918.00
03-005	名成公司	2016-3-16	有	CL-102	乙材料	个	40	20.60	824.00
03-006	大河公司	2016-3-17	有	CL-101	甲材料	张	50	21.50	1075.00
03-007	名成公司	2016-3-18	有	CL-102	乙材料	个	30	22.10	663.00
03-008	利明集团	2016-3-19	有	CL-103	丙材料	盒	40	29.40	1176.00
03-009	利明集团	2016-3-20	有	CL-103	丙材料	盒	30	28.50	855.00
03-010	名成公司	2016-3-21	有	CL-102	乙材料	个	40	22.60	904.00
03-011	名成公司	2016-3-22	有	CL-102	乙材料	个	50	21.50	1075.00
03-012	利明集团	2016-3-23	无	CL-103	丙材料	盒	30	27.90	837.00
03-013	利明集团	2016-3-24	有	CL-103	丙材料	盒	20	31.90	638.00
03-014	名成公司	2016-3-25	有	CL-102	乙材料	个	60	21.80	1308.00

图 3-13　材料入库表

材料出库表

出库单号	发料时间	材料代码	材料名称	计量单位	数量	单价	金额
03-001	2016-3-13	CL-101	甲材料	张	10	20.30	203.00
03-002	2016-3-13	CL-102	乙材料	个	12	20.20	242.40
03-003	2016-3-14	CL-102	乙材料	个	18	20.80	374.40
03-004	2016-3-14	CL-103	丙材料	盒	22	30.60	673.20
03-005	2016-3-15	CL-102	乙材料	个	31	20.60	638.60
03-006	2016-3-16	CL-101	甲材料	张	40	21.50	860.00
03-007	2016-3-17	CL-102	乙材料	个	20	22.10	442.00
03-008	2016-3-18	CL-103	丙材料	盒	10	29.40	294.00
03-009	2016-3-19	CL-103	丙材料	盒	15	28.50	427.50
03-010	2016-3-20	CL-102	乙材料	个	12	22.60	271.20
03-011	2016-3-21	CL-102	乙材料	个	33	21.50	709.50
03-012	2016-3-22	CL-103	丙材料	盒	26	27.90	725.40

图 3-14　材料出库表

一、建立材料入库表

任务驱动

（1）新建一张电子表格；
（2）按照材料入库表、出库表格式设计电子表格；
（3）整理保存电子表格。

基本步骤

1. 新建一张电子表格

（1）在桌面空白处右击，选择菜单"新建"|"Microsoft Office Excel 工作表"命令，打开一个工作表。
（2）单击左上角"文件"菜单，再选中"另存为"命令，选择"Excel 工作簿"（以默认的文件格式保存工作簿）。

（3）输入文件名"材料入库表"，并保存在设定的目录中。

2．材料入库表格式设计

标题要求：居中，字号 14，字体宋体，加粗；表头要求：居中，字号 12，字体宋体；行高：20，列宽：10。

（1）输入材料入库表上的内容，包括标题、表体的文字内容。

（2）标题设置：选中 A1:L1 区域，单击"开始"菜单，选择"合并后居中"命令，选择宋体 14 号字，单击加粗按钮 **B**。

（3）选中表头部分，设置字号 12，字体宋体，居中。

（4）设置行高为 16，列宽为 10。

（5）画表格线：选中 A2:K12 区域，画表格线。需要画的行数自由选择。

（6）纸张方向设置为横向。单击"保存"及时保存表格。

（7）设置单元属性：选中 K3:L20 区域，设置成数值，小数位数为 2，如图 3-15 所示。

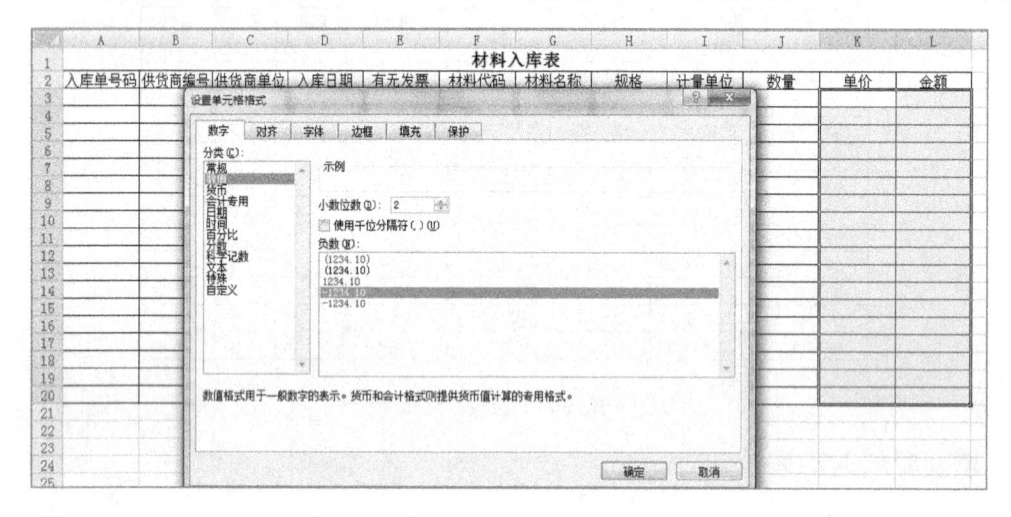

图 3-15　设置单元属性

（8）单击"保存"按钮。

二、设计表格中的计算公式

任务驱动

（1）定义表格中的计算公式；
（2）整理保存电子表格。

基本步骤

材料入库表的金额是数量和单价的乘积，所以设置金额栏的公式为数量栏×单价栏。操作步骤与入库单表格中的计算公式同。

（1）选中 L3 单元格，单击公式按钮 ，打开"插入函数"对话框，选择"数学与三角函数"中的计算所有参数的乘积函数 PRODUCT，单击"确定"按钮。

（2）弹出"函数参数"对话框，在 Number1 的文本框内输入参与计算的区域 J3:K3，单击"确定"按钮。

（3）步骤同上继续设置 L4～L20 单元格的公式，也可将光标移到 L3 单元格的右下角，当光标变成实心的十字时，拖曳鼠标至 L20 单元格，即复制了公式到 L4～L20 单元格。

（4）设置完成后单击 按钮保存即可。

三、输入数据和筛选打印

任务驱动

（1）输入数据；
（2）每月筛选，分别按每种材料分开打印月度材料入库表。

基本步骤

1．输入入库单资料

按如图 3-13 所示输入相关资料。

2．筛选打印

（1）选中表体中的表头行，即第二行，单击"数据"菜单项，再单击 按钮，如图 3-16 所示。

图 3-16　筛选设置

（2）选择材料代码列，单击右侧的 按钮，数字筛选选择 CL-101，单击"确定"按钮，如图 3-17 所示。

（3）显示只有 CL-101 的 Excel 表格，如图 3-18 所示，此时打印即可。

（4）再次单击材料代码 按钮，分别选择 CL-102、CL-103 打印。

（5）根据需要，筛选自己需要的内容。

（6）再次单击 按钮，恢复表格筛选前状态。

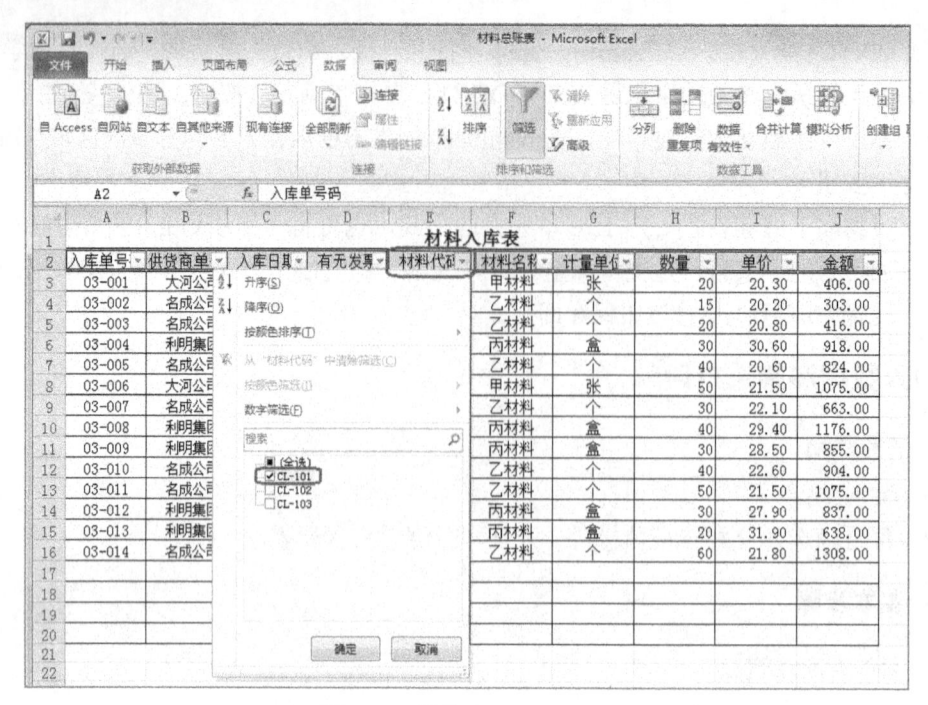

图 3-17　筛选出"CL-101"

图 3-18　筛选结果

小贴士

数据筛选是查找和处理区域中数据子集的快捷方法，使用自动筛选来筛选数据，可以快速而又方便地查找和使用单元格区域或列表中数据的子集。自动筛选不重排区域，只是显示出包含某一值或符合某一组条件的行，而隐藏其他行。

任务实施与检查

1. 任务实施

安排 30 分钟学生上机操作。

2. 任务检查

教师巡视检查，解答问题。

3．任务评价

（1）教师评价：

任务操作及内容	任 务 评 价
一、建立材料入库表	
二、设计表格中的计算公式	
三、输入数据和筛选打印	
总　　评：	

（2）学生自评：

任务操作及内容	任务完成情况
一、建立材料入库表	
二、设计表格中的计算公式	
三、输入数据和筛选打印	
总　　评：	
问题与解疑：	

任务三　材料总账表设计

总账表格式如图 3-19 所示。

材料总账

月份	材料代码	材料名称	计量单位	期初库存		本期入库		本期领用		期末库存	
				数量	金额	数量	金额	数量	金额	数量	金额
2016.03	CL-101	甲材料	张	100.00	2000.00	70.00	1481.00	50.00	1063.00	120.00	2418.00
2016.03	CL-102	乙材料	个	150.00	3150.00	255.00	5493.00	126.00	2678.10	279.00	5964.90
2016.03	CL-103	丙材料	盒	200.00	6000.00	150.00	4424.00	73.00	2120.10	277.00	8303.90

图 3-19　总账表格式

一、创建材料总账工作表

任务驱动

（1）新建一张电子表格；

（2）按照材料总账表格式设计电子表格；

（3）整理保存材料总账表电子表格。

基本步骤

1．新建一张电子表格

（1）在桌面空白处右击，选择菜单栏中的“新建”|“Microsoft Office Excel 工作表”命

令，打开一张工作表。

（2）单击左上角"文件"菜单，再选中"另存为"命令，选择"Excel 工作簿"（以默认的文件格式保存工作簿）。

（3）输入文件名"材料总账"，并保存在设定的目录中。

2．材料总账表设计

格式要求为：

标题：居中，字号 14，字体宋体，加粗；表头：居中，字号 12，字体宋体；行高：20，列宽：10。

（1）输入表中的内容，包括标题、表体的文字内容。

（2）标题设置：选中 A1:K1 区域，单击"开始"|"合并后居中"命令，选择宋体 14 号字，单击加粗按钮 **B**。

（3）合并后居中单元格 A2:A3，B2:B3，C2:C3，D2:D3，E2:F2，G2:H2，I2:J2，K2:L2。

（4）选中表头部分，设置字号 12，字体宋体，居中；如图 3-20 所示。

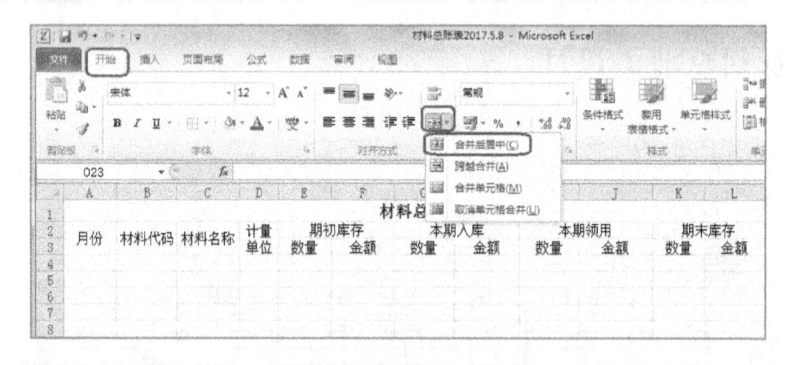

图 3-20　设置表头格式

（5）设置行高为 16mm，列宽为 10mm。

（6）画表格线：选中 A2:K12 区域画表格线。需要画的行数自由选择。

（7）纸张方向设置为横向。单击"保存"及时保存表格，如图 3-21 所示。

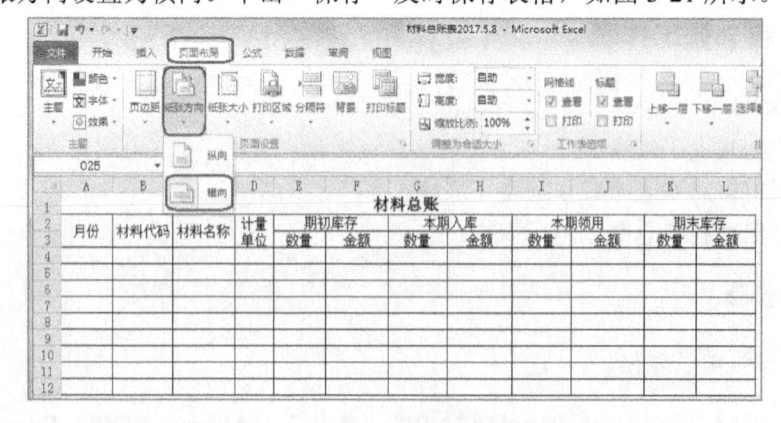

图 3-21　画表格线

二、设计表格中的计算公式

🧑 任务驱动
（1）定义材料总账表期末库存数量公式；
（2）定义材料总账表期末库存金额公式。

📖 知识链接
材料总账表公式主要包括内容

材料总账期末库存数据是"期初库存+本期入库−本期领用"，所以：

期末库存的数量=期初库存数量+本期入库数量−本期领用数量

期末库存的金额=期初库存金额+本期入库金额−本期领用金额

📝 基本步骤

（1）输入材料总账表体的数据。

（2）选中 J4 单元格，选中公式，单击 Σ 按钮，即出现=SUM()公式，在括号内输入 E4+G4−I4，单击"确定"按钮，此单元格公式即设置完毕，如图 3-22 所示。

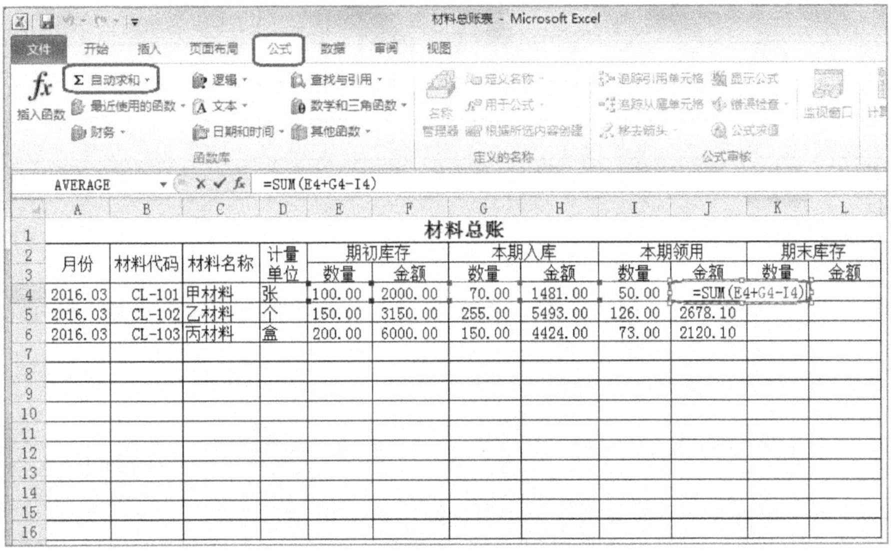

图 3-22　单元格公式设置

（3）选中 K4 单元格，同 J4 单元公式设置一样，设置 K4 为 E4+G4−I4。

（4）光标移到 J4 单元格右下角，当光标变为实心十字时，向下拖曳鼠标，即将公式复制到下方的单元格；也可将光标放到 J4 单元格，右击，选择"复制"命令，再选择 J 列下面的单元格，选择"粘贴"命令，也可将公式粘贴过来。同样，复制 K 列单元格的公式。

（5）设置完成后单击 🖫 按钮保存即可。

任务实施与检查

1．任务实施

安排 30 分钟学生上机操作。

2．任务检查

教师巡视检查，解答问题。

3．任务评价

（1）教师评价：

任务操作及内容	任 务 评 价
一、创建材料总账工作表	
二、设计表格中的计算公式	
总　　评：	

（2）学生自评：

任务操作及内容	任务完成情况
一、创建材料总账工作表	
二、设计表格中的计算公式	
总　　评：	
问题与解疑：	

边学边练

1．定义一张入库单、一张出库单（表格格式及内容如图 3-23、图 3-24 所示）

入库单					
入库单号		入库日期			
仓库		供货单位			
存货编码	存货名称	计量单位	数量	单价	金额
CL-001	墨盒	个	50.00	80.00	4000.00
主管	会计	验收人		交库人	

图 3-23　入库单

出库单					
出库单号		出库日期		发出仓库	
存货编码	存货名称	计量单位	数量	单价	金额
CL-002	滚动轮	个	20	92	1840
主管	会计	保管人		领物人	

图 3-24　出库单

要求：
（1）按照图 3-23 和图 3-24 的格式制作表格，输入表的内容，画表格线。
（2）标题设置为 14 号宋体，加粗，合并单元格且左右居中。
（3）表头和表尾部分字体为 10 号宋体，居左。
（4）表体中字体为 12 号宋体，左右居中。
（5）数量、单价、金额栏的单元属性为数值型，保留两位小数。
（6）金额栏的公式为数量栏和单价栏的乘积。

2．定义一张入库表、一张出库表（表格格式及内容如图 3-25、图 3-26 所示）

材料入库表								
入库单号码	供货商单位	入库日期	有无发票	材料代码	材料名称	计量单位	数量	单价	金额
03-001	大河公司	2016-3-8	有	CL-101	甲材料	张	200	20.00	4000.00
03-002	名成公司	2016-3-10	有	CL-102	乙材料	个	150	50.00	7500.00
03-003	名成公司	2016-3-14	有	CL-102	乙材料	个	150	55.00	8250.00
03-004	大河公司	2016-3-15	有	CL-101	甲材料	张	100	22.00	2200.00
03-005	名成公司	2016-3-16	有	CL-102	乙材料	个	40	51.00	2040.00
03-006	大河公司	2016-3-17	有	CL-101	甲材料	张	120	21.50	2580.00
03-007	名成公司	2016-3-18	有	CL-102	乙材料	个	300	58.00	17400.00
03-008	大河公司	2016-3-19	有	CL-101	甲材料	张	80	25.00	2000.00

图 3-25　材料入库表

材料出库表							
出库单号	发料时间	材料代码	材料名称	计量单位	数量	单价	金额
03-001	2016-3-11	CL-101	甲材料	张	100	22.00	2200.00
03-002	2016-3-12	CL-102	乙材料	个	200	50.00	10000.00
03-003	2016-3-13	CL-102	乙材料	个	180	51.00	9180.00
03-004	2016-3-15	CL-102	乙材料	个	150	55.00	8250.00
03-005	2016-3-16	CL-101	甲材料	张	80	25.00	2000.00
03-006	2016-3-17	CL-102	乙材料	个	75	52.00	3900.00
03-007	2016-3-20	CL-102	乙材料	个	120	53.00	6360.00
03-008	2016-3-21	CL-102	乙材料	个	50	51.00	2550.00

图 3-26　材料出库表

要求：
（1）以图 3-25 和图 3-26 的格式制作表格，输入表的内容，画表格线。
（2）标题设置为 14 号宋体，加粗，合并单元格且左右居中。
（3）表体中字体为 12 号宋体，左右居中。
（4）数量、单价、金额栏的单元属性为数值型，保留两位小数。
（5）金额栏的公式为数量栏和单价栏的乘积。
（6）按材料代码筛选材料显示打印预览。

3．定义一个材料总账表（表格格式及内容如图 3-27 所示）

要求：
（1）按图 3-27 的格式制作表格，输入表的内容，画表格线。
（2）标题 14 号宋体，加粗，合并单元格且左右居中。

材料总账

月份	材料代码	材料名称	计量单位	期初库存		本期入库		本期领用		期末库存	
				数量	金额	数量	金额	数量	金额	数量	金额
2016.03	CL-101	甲材料	张	500.00	2200.00	500.00	10780.00	180.00	4200.00	820.00	8780.00
2016.03	CL-102	乙材料	个	300.00	7500.00	640.00	35190.00	775.00	40240.00	165.00	2450.00

图 3-27　材料总账表

（3）表体中字体为 12 号宋体，左右居中。

（4）合并后居中单元格 A2:A3，B2:B3，C2:C3，D2:D3，E2:F2，G2:H2，I2:J2，K2:L2。

（5）数量、金额栏的单元属性为数值型，保留两位小数。

（6）期末库存的数量=期初库存数量+本期入库数量−本期领用数量

期末库存的金额=期初库存金额+本期入库金额−本期领用金额

项目四

工资管理表格设计

学习目标

- ❖ 学会设计工资结算汇总表、定义各项工资公式。
- ❖ 运用 Excel 工具进行工资分类筛选及分析。
- ❖ 掌握工资总表及工资条的制作。

任务目标

- ❖ 设计工资结算汇总表。
- ❖ 定义各项工资公式。
- ❖ 学会制作工资总表及工资条。

任务一 设计工资结算汇总表

案例导入

每个财务工作人员都会遇到设计、制作工资表的问题。同时针对每个员工不同的情况，需要进行烦琐、细致、大量重复的计算。因为关系到每个员工（包括自己）的切身利益，所以这项工作是非常重要的。下面以 2017 年 3 月宏达公司工资结算单为例，学习如何利用 Excel 强大的计算功能解决这一问题。

表 4-1 宏达公司工资结算单示例

宏达公司工资结算单

编号	人员类别	部门	姓名	基本工资	奖金	事假/天	病假/天	扣款/元	应发合计	失业保险	养老保险	医疗保险	住房公积金	应纳税所得额	代扣税	扣发合计	实发工资	签名
001	管理人员	办公室	王娅玲	4000	560	1	3	293	4267	42.7	171	85.3	512	-44	0	810.667	3456	
002	职工	一车间	李阳	3500	2430	0	0	0	5930	59.3	237	119	712	1303.3	39.1	1165.8	4764	
003	管理人员	财务部	李阳阳	3600	2277	0	0	0	5877	58.8	235	118	705	1260.4	37.8	1154.44	4723	
004	管理人员	市场部	陈庚	3600	710	0	0	0	4310	43.1	172	86.2	517	-8.9	0	818.9	3491	
005	临时人员	市场部	王蕾	2500	0	0	0	0	2500	25	100	50	300	-1475	0	475	2025	
006	职工	一车间	邓梦娜	4000	1448	1	0	133	5315	53.1	213	106	638	804.88	24.1	1033.93	4281	
007	职工	一车间	王莉华	2600	1406	0	0	0	4006	40.1	160	80.1	481	-255.1	0	761.14	3245	
008	管理人员	财务部	张贺	3450	649	0	2	92	4007	40.1	160	80.1	481	-254.3	0	761.33	3246	
009	临时人员	财务部	李小倩	2400	0	0	0	0	2400	24	96	48	288	-1556	0	456	1944	
010	职工	一车间	刘礼刚	3600	200	2	3	384	3416	34.2	137	68.3	410	-733	0	649.04	2767	

要求：

（1）根据表 4-1 设计制作宏达公司 2017 年 3 月工资 Excel 电子结算单。

（2）根据规定定义表中各项计算公式。

一、设计工资结算汇总表格式

任务驱动

（1）新建宏达公司工资结算簿；

（2）设置相关项目；

（3）工作表命名；

（4）整理工作表，保存工作簿。

知识链接

每个月工资表格的制作是公司、企事业单位必不可少的一项基本财务工作，其中工资应发项主要来源于各项统计资料和人力资源管理资料。

在日常工作中，可以利用 Excel 强大的计算以及逻辑填充功能，实现复杂的、烦琐的计算。这样做不但省时省力，而且当数据发生变化时，计算结果可以自动修正，而不需要人工调整。

基本步骤

1. 创建"工资表"

（1）打开 Excel，新建"宏达公司工资结算单"工作簿，将"Sheet1"更名为"三月份工资表"，如图 4-1 所示。

图 4-1　Sheet1 更名

（2）如图 4-2 所示，在相应单元格中输入对应内容。

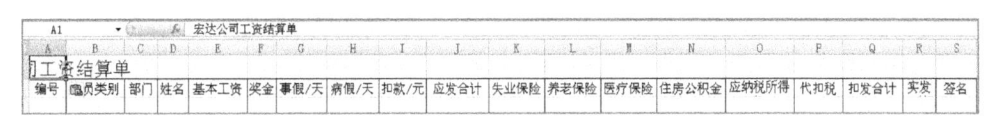

图 4-2　输入表格内容

2. 整理调整表格

（1）制作表头：选中 A1～S1 区域，合并单元格，选择"居中"项，调整字体字号。
（2）选中 A2～S2 区域，选择"自动换行"项。
（3）如图 4-3 所示，调整各列位置并保存。

图 4-3　调整表格

3. 按表 4-1 中内容填写

"编号"、"人员类别"、"部门"、"姓名"、"基本工资"、"奖金"、"事假/天"、"病假/天"栏的内容，如图 4-4 所示。

图 4-4　填写内容

小贴士

1. 如何在单元格里输入数字"001"——单元格数字格式的编辑

在 Excel 表格中，各单元格中的数字格式默认为"常规"型，在这种模式下，输入的任何数字都被认为是具有计算功能的。因此，当在某一单元格中输入"001"并回车确定时，单元格中的数字会自动变为"1"。这时必须编辑单元格数字的格式，使它变为文本模式，才能使一些"特殊"需要得以满足，如图 4-4 中的"编号"一栏，可以有两种方式实现输入：

（1）第一种方式。

①在"编号"栏下选中 A4 单元格，如图 4-5 所示；

②设置 A4 单元格格式：单击"单元格"下的"格式"菜单，选择"设置单元格格式"命令，如图 4-6 所示。

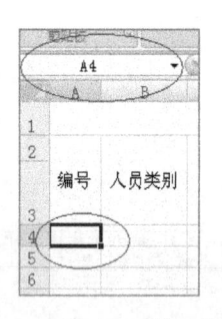

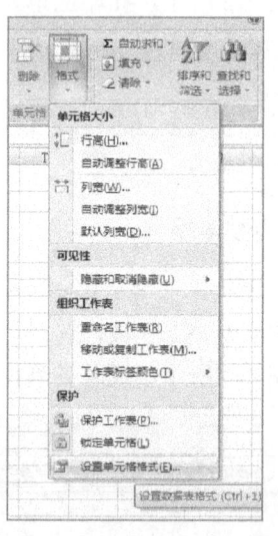

图 4-5 选中 A4 单元格　　　　图 4-6 选择"设置单元格格式"命令

在"设置单元格格式"对话框中选择"数字"选项卡，在列表框中选择"文本"项，然后单击"确定"按钮。

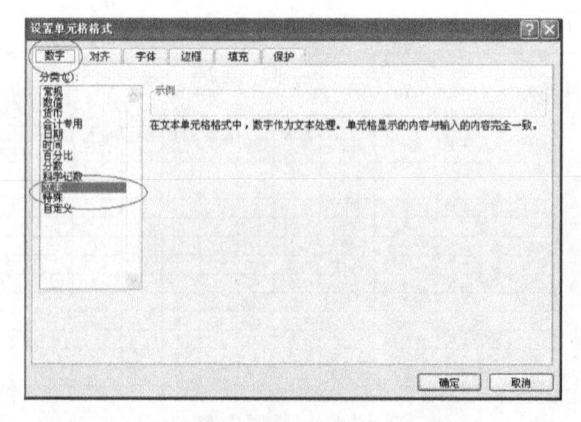

图 4-7 选择"文本"项

（2）第二种方式。

①选中 A4 单元格；

②如图 4-8 所示，在"数字"选项卡中单击"常规"选项，打开下拉菜单，如图 4-9 所示，选择"文本"选项。

2．如何在 Excel 中实现多于 10 位数字的自动填充

在 Excel 电子表格中，如果输入的数字个数少于或等于 10 位，都可以很容易地实现，并可以进行自动填充。但若输入的位数多于 10 位，则直接输入后将以科学计数形式显示，如图 4-10 所示，这样的格式是无法实现自动填充的。

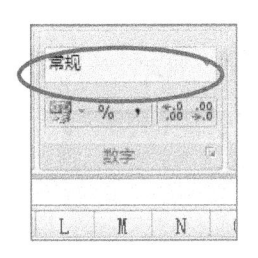

图 4-8 "常规"选项 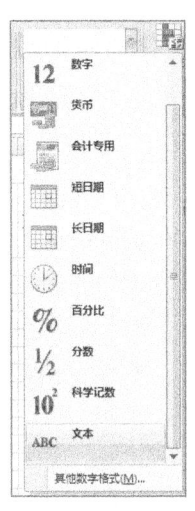　　　　　　　　　　图 4-9 下拉菜单

如何才可以实现数字的自动填充呢？请按以下步骤操作。

（1）选中要输入数字的列（行）或单元格，右击，出现如图 4-11 所示的快捷菜单。

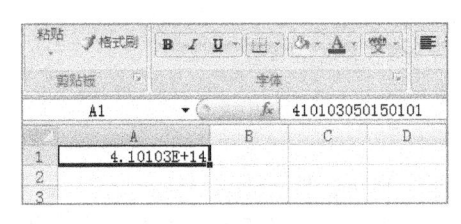

图 4-10 以科学计数形式显示 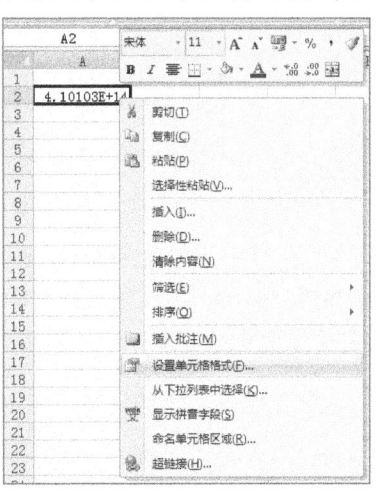　　　　　　图 4-11 右键快捷菜单

（2）选择"设置单元格格式"命令。

（3）在"数字"选项卡的"分类"栏中选择"自定义"项，出现如图 4-12 所示的对话框。

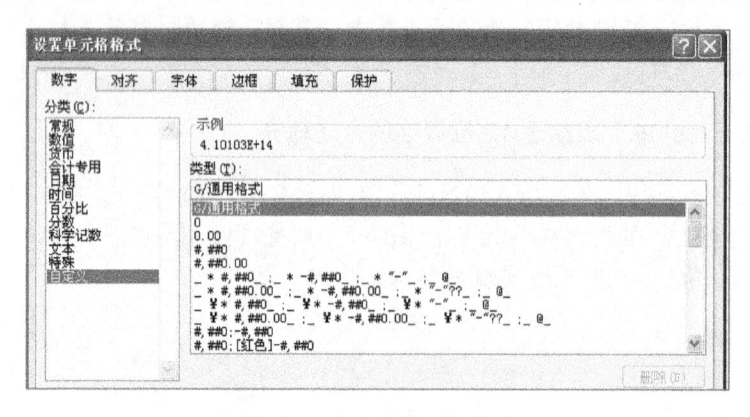

图 4-12　自定义单元格格式

（4）在右侧的"类型"下的文本框内输入"0"，有几位数就输入几个 0，如有 15 位数，则输入"000000000000000"），单击"确定"按钮即可，如图 4-13 所示。

如数字最前面为 0，则要把数字转换为文本，方法为：先按如上所述（1）、（2）步进行操作，接着在"数字"选项卡的"分类"栏中选择"文本"项，单击"确定"按钮即可。

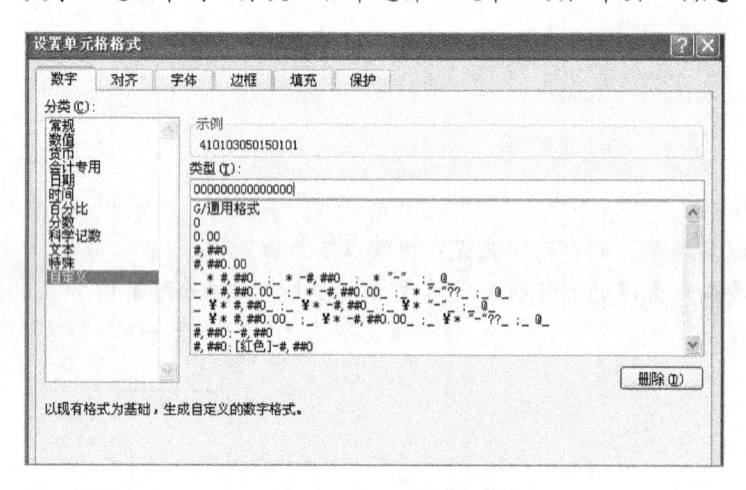

图 4-13　自定义数字位数

（5）在第一个单元格输入数字，如 410103050150101，在相邻的第二个单元格输入 410103050150102，也就是说明相邻两个单元格之间的数字相差 1，选中这两个单元格，将鼠标移到右下角的填充柄小"十"字上，拖动鼠标即可实现自动填充。

3. 单元格左上角的绿色三角形的含义

如图 4-14 所示，这是一个错误（或者可能的错误）指示，想消除该提示则选中这个单元格，在单元格的左边将出现一个黄色感叹号，单击这个感叹号，根据要求在菜单中选择"忽略错误"命令即可，如图 4-15 所示。

图 4-14　错误提示

图 4-15　选择"忽略错误"

二、定义应发工资公式

📋 任务驱动

在公式编辑栏设置"请假扣款项"和"应发工资"的计算公式。

📖 知识链接

相关对应公式见表 4-2。

表 4-2　对应公式

事　　项	应发工资公式
病假扣款	基本工资/30×40%×天数
事假扣款	基本工资/30×100%×天数
应发合计	基本工资+奖金−扣款合计

🛠 基本步骤

1. 在"扣款"列下选中 I3 单元格（如图 4-16 所示）

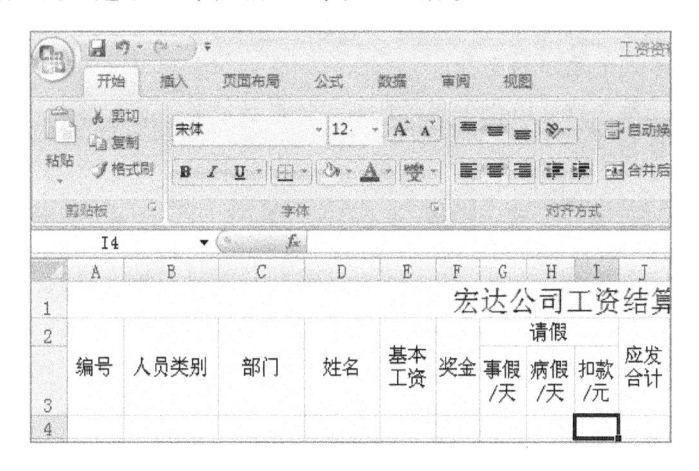

图 4-16　选中 I3 单元格

63

2. 在公式编辑栏中输入公式"=E3/30×100%×G3+E3/30×40%×H3"（如图 4-17 所示）

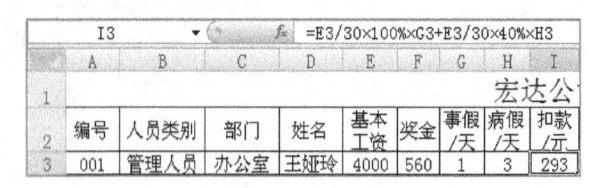

图 4-17 输入公式 1

3. 在"应发合计"列下选中 J3 单元格，在公式编辑栏中输入"=E3+F3−I3"（如图 4-18 所示）

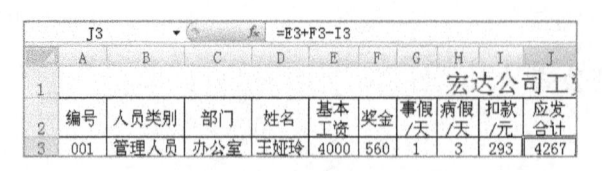

图 4-18 输入公式 2

小贴士

输入公式的方法

在 Excel 中可以创建多种公式，其中既有进行简单代数运算的公式，也有分析复杂数学模型的公式。输入公式的方法有两种：一是直接输入，二是利用函数工具"f_x"。

1. 直接输入

（1）选定需要输入公式的单元格。

（2）在所选的单元格中输入等号"="，如果单击了"编辑公式"（编辑栏）按钮或"粘贴函数"（常用工具栏）按钮，将自动插入一个等号。

（3）输入公式内容。如果计算中用到单元格中的数据，可单击所需引用的单元格，如果输入错误，则在未输入新的运算符之前，可再单击正确的单元格；也可使用手工方法引用单元格，即在光标处输入单元格的坐标。

（4）公式输入完后，按【Enter】键，Excel 将自动计算并将计算结果显示在单元格中，公式内容显示在编辑栏中。

2. 利用函数工具"f_x"公式选项板

输入的公式中，如果含有函数，"公式选项板"将有助于输入函数。在公式中输入函数时，"公式选项板"将显示函数的名称、各个参数、函数功能和参数的描述、函数的当前结果和整个公式的结果。如要显示"公式选项板"，则单击编辑栏上的"f_x"按钮，如图 4-19 和图 4-20 所示。

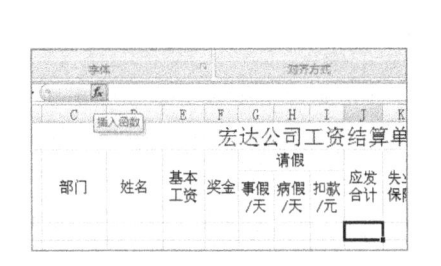

图 4-19 单击"f_x"按钮　　　　图 4-20 插入函数

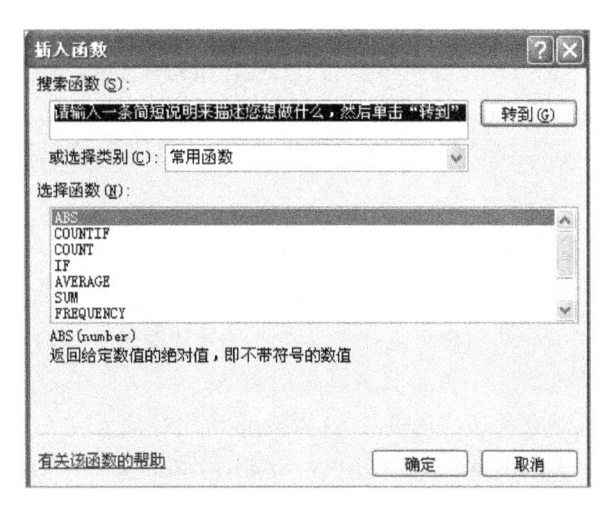

三、定义代扣款项公式

🎯 任务驱动

在公式编辑栏中设置"失业保险"、"医疗保险"、"养老保险"和"住房公积金"的计算公式。

📚 知识链接

表 4-3　事项与代扣款公式

事　　项	代扣款公式
失业保险	应发工资×1%
医疗保险	应发工资×2%
养老保险	应发工资×4%
住房公积金	应发工资×12%

📝 基本步骤

（1）在"失业保险"列下选中 K3 单元格,在公式编辑栏输入"=J3*1%",单击"输入"按钮或"确定"按钮,如图 4-21 所示。

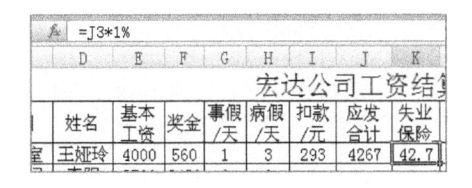

图 4-21　公式编辑栏输入

（2）在"养老保险"列下选中 L3 单元格,在公式编辑栏输入"=J3*4%",选择"输入"

按钮。

（3）在"医疗保险"列下选中 M3 单元格，在公式编辑栏输入"=J3*2%"，选择"输入"按钮。

（4）在"住房公积金"列下选中 N3 单元格，在公式编辑栏输入"=J3*12%"，选择"输入"按钮。

小贴士

单元格的"绝对引用"和"相对引用"

一个单元格的地址可以有两种表达形式：一种叫相对地址形式（也叫绝对引用形式），如单元格 A1，当公式或函数引用 A1 时，A1 的取值不仅与单元格 A1 中的数据有关，还与公式或函数所在单元格与 A1 单元格的相对位置有关；另一种叫相对引用形式，如单元格$A$1，当公式或函数引用$A$1 时，$A$1 的取值仅与单元格$A$1 中的数据有关。

在上述操作中，"失业保险"、"医疗保险"、"养老保险"和"住房公积金"的计算都是在"应发工资"的基础上进行的，可以选择"绝对引用"的形式，这样定义完"失业保险"公式"=J4*1%"后，选择"绝对引用"$J$4，则之后的"医疗保险"、"养老保险"和"住房公积金"的公式输入只需要拖动填充柄，更改各项扣款所占比例即可。即"=$J$4*2%"、"=$J$4*4%"、"=$J$4*12%"。

但是这样操作可能会给后续的填充计算带来错误。当所有公式均定义完后，向下填充其他人的工资时，会发现下边填充的数字与第一个人的各项扣款一样，它并没有跟着他的其他变量而改变，所以在使用"绝对引用"时要慎重。

四、定义个人所得税公式

任务驱动

运用"IF"函数在公式编辑栏设置个人所得税的计算公式。

知识链接

1. 我国的工资薪金个人所得税征收采用超额累进税率计算方法

表 4-4 是自 2011 年 9 月 1 日起实行的新个人所得税工资薪金部分的计征办法。工资个人所得税的计算公式为：

全月应纳税所得额=（应发工资−三险一金）−3500

缴税=全月应纳税所得额×税率−速算扣除数

表 4-4　2011 年 9 月 1 日起实行的新个人所得税工资薪金部分的计征办法

级数	全月应纳税所得额	全月应纳税所得额 （不含税级距）	税率(%)	速算扣除数
1	不超过 1 500 元的部分	不超过 1 455 元的部分	3	0
2	超过 1 500 元至 4 500 元的部分	超过 1 455 元至 4 155 元的部分	10	105
3	超过 4 500 元至 9 000 元的部分	超过 4 155 元至 7 755 元的部分	20	555

续表

级数	全月应纳税所得额	全月应纳税所得额（不含税级距）	税率(%)	速算扣除数
4	超过 9 000 元至 35 000 元的部分	超过 7 755 元至 27 255 元的部分	25	1 005
5	超过 35 000 元至 55 000 元的部分	超过 27 255 元至 41 255 元的部分	30	2 755
6	超过 55 000 元至 80 000 元的部分	超过 41 255 元至 57 505 元的部分	35	5 505
7	超过 80 000 元的部分	超过 57 505 元的部分	45	13 505

2．IF()函数的理解

【类型】逻辑函数

【格式】IF（条件，表达式1，表达式2）

　　　　IF(logical_test,value_if_true,value_if_false)

【功能】

对满足条件的数据进行处理，条件满足则输出表达式 1，不满足则输出表达式 2。可以省略结果1或结果2，但不能同时省略。

（1）条件表达式。

将两个表达式用关系运算符（主要有=，<>，>，<，>=，<=；6 个关系运算符）连接起来就构成条件表达式。例如：

=IF(A1=10,1,0)

表达式含义为：当 A1=10 时，返回 1，否则返回 0。

（2）IF 函数嵌套的执行过程。

如对数值进行以下判断等级工作：C1 单元格的数据若在"60（含 60）以下"，显示等级为"不及格"；在"60～90（含 90）"之间，显示等级为"及格"；在"90 以上"，显示等级为"优秀"。

执行上述等级判断的 IF 函数格式如下：

=IF(C1>60,IF(C1>90,"优秀","及格"),"不及格")

上述 IF 语句的语法解释为：如单元格 C1 的值大于 60，则执行第二个参数，在这里为嵌套函数，继续判断单元格 C1 的值是否大于 90（也可以仅写 C1>90），如果满足在单元格 C2 中显示"优秀"字样，不满足则显示"及格"字样；如果 C1 的值以上条件都不满足，则执行第三个参数即在单元格 C2 中显示"不及格"字样。

课堂互动

IF 函数的应用实例

（1）判断某班 50 名学生某科成绩大于 60 分时为合格，否则为不合格。

公式如下：

=IF(A1>=60,"及格","不及格")

语句解释：若单元格 A1 的值大于等于 60，则执行第二个参数，即在单元格 B2 中显示"合格"字样，否则执行第三个参数，即在单元格 B2 中显示"不合格"字样。

（2）Excel 中如果 A1=B1，则在 C1 中显示 1，若不相等则返回 0
在 C1 中输入如下函数：
=IF(A1=B1,1,0)

3．AND()函数的理解

【类型】逻辑函数
【格式】AND(条件一,条件二,条件三,...)
　　　　AND(logical1,logical2, ...)
参数必须是逻辑值，或者包含逻辑值的数组或引用。
【功能】Logical1, logical2, ...　表示待检测的 1～30 个条件值，各条件值或为 TRUE，或为 FALSE。

4．IF 和 AND 嵌套使用

【格式】IF(AND(logical1,logical2, ...),_test,value)
【功能】IF(AND(条件一,条件二,...),条件为 TRUE 时返回值，条件为 FALSE 时返回值)
例如：
①=IF(AND(A1>60,B1>60,C1>60),"及格","不及格")
解释：当 A1>60，B1>60，C1>60 都满足时　返回"及格"
　　　　　　　为 FALSE 时　返回"不及格"
②=IF(A1>60,"及格",IF(A1>70,"良好",IF(A1>85,"优秀","不及格")))
这个函数的含义是：
- 当 A1<60 时返回"不及格"；
- 当 60<A1<70 时返回"及格"；
- 当 70<A1<85 时返回"良好"；
- 当 A1>85 时返回"优秀"。

③上例 IF 嵌套可换成 IF(AND(),…)，格式如下：
=IF(A1<60,"不及格",IF(AND(A1>60,A1<70),"及格",IF(AND(A1>70,A1<85),"良好",IF(A1>85,"优秀"))))

基本步骤

1．定义应纳税所得额

（1）选定 O3 单元格。
（2）在公式编辑栏输入公式：=J3−K3−L3−M3−N3−3500。
如图 4-22 所示，然后按【Enter】键。

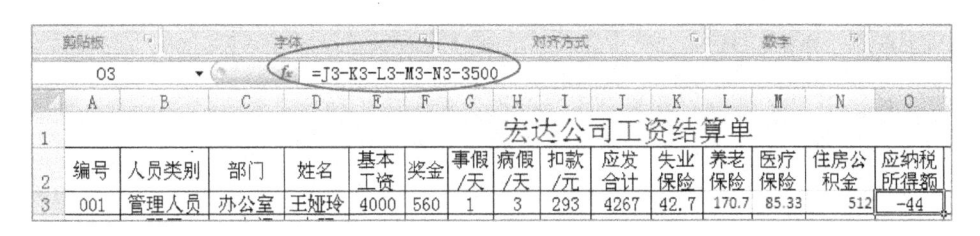

图 4-22 输入公式 1

2. 定义个人所得税计算公式

（1）选定代扣税单元格 P3。

（2）在公式编辑栏输入公式：

=IF(AND(O3>0,O3<=1500),O3*0.03,IF(AND(O3>1500,O3<=4500),O3*0.1-105,IF(AND(O3>4500,O3<=9000),O3*0.2-555,IF(AND(O3>9000,O3<=35000),O3*0.25-1005,IF(AND(O3>35000,O3<=55000),O3*0.3-2755,IF(AND(O3>55000,O3<=80000),O3*0.35-5505,IF(O3>800000,O3*0.45-13505,0)))))))，如图 4-23 所示。

图 4-23 输入公式 2

💡 小贴士

在 Excel 中输入公式后，有时不能正确地计算出结果，并在单元格内显示一个错误信息，这些错误的产生，有的是因公式本身产生的，有的不是。下面介绍几种常见的错误信息，以及避免出错的办法。

1. 错误值：####

含义：输入到单元格中的数据太长或单元格公式所产生的结果太大，使结果在单元格中显示不下。或是日期和时间格式的单元格做减法，出现了负值。

解决办法：增加列的宽度，使结果能够完全显示。如果是由日期或时间相减产生了负值引起的，可以改变单元格的格式，如改为文本格式，结果为负的时间量。

2. 错误值：#DIV/0!

含义：试图除以 0。这个错误的产生通常由以下情况引起：除数为 0、在公式中除数使用了空单元格或是包含零值单元格的单元格引用。

解决办法：修改单元格引用，或者在作为除数的单元格中输入了不为零的值。

3. 错误值：#VALUE！

含义：输入引用文本项的数学公式。如果使用了不正确的参数或运算符，或者当执行自动更正公式功能时不能更正公式，都将产生错误信息#VALUE！。

解决办法：这时应确认公式或函数所需的运算符或参数正确，并且公式引用的单元格中包含有效的数值。例如，单元格C4中有一个数字或逻辑值，而单元格D4包含文本，则在计算公式=C4+D4时，系统不能将文本转换为正确的数据类型，因而返回错误值#VALUE！。

4. 错误值：#REF！

含义：删除了被公式引用的单元格范围。

解决办法：恢复被引用的单元格范围，或是重新设定引用范围。

5. 错误值：#N/A

含义：无信息可用于所要执行的计算。在建立模型时，用户可以在单元格中输入#N/A，以表明正在等待数据。任何引用含有#N/A值的单元格都将返回#N/A。

解决办法：在等待数据的单元格内填充上数据。

6. 错误值：#NAME？

含义：在公式中使用了Excel所不能识别的文本，比如可能是输错了名称，或是输入了一个已删除的名称，如果没有将文字串括在双引号中，也会产生此错误值。

解决办法：如果使用了不存在的名称而产生这类错误，应确认使用的名称确实存在；如果是名称，函数名拼写错误就应改正过来；将文字串括在双引号中；确认公式中使用的所有区域引用都使用了冒号（：）。如SUM（C1:C10）。注意将公式中的文本括在双引号中。

7. 错误值：#NUM！

含义：提供了无效的参数给工作表函数，或是公式的结果太大或太小而无法在工作表中表示。

解决办法：确认函数中使用的参数类型正确。如果是公式结果太大或太小，就要修改公式，使其结果在 -1×10^{307} 和 1×10^{307} 之间。

8. 错误值：#NULL！

含义：在公式中的两个范围之间插入一个空格以表示交叉点，但这两个范围没有公共单元格。比如输入："=SUM(A1:A10 C1:C10)"，就会产生这种情况。

解决办法：取消两个范围之间的空格。上式可改为"=SUM(A1:A10 ,C1:C10)"

五、定义实发工资公式

任务驱动

设置实发工资并进行计算填充公式。

知识链接

扣发合计=养老保险+失业保险+医疗保险+住房公积金+代扣税
实发工资=应发工资−扣发合计

基本步骤

1. 定义实发工资公式

(1) 定义扣发合计公式：

扣发合计=养老保险+失业保险+医疗保险+住房公积金+代扣税

如图 4-24 所示，选定 Q3 单元格，在公式编辑栏中输入"=K3+L3+M3+N3+P3"。

图 4-24　选定 Q3 单元格

(2) 定义实发工资公式：

实发工资=应发工资−扣发合计

选定 R3 单元格，在公式编辑栏中输入"=J3−Q3"，如图 4-25 所示。

图 4-25　选定 R3 单元格

2. 填充计算

(1) 如图 4-26 所示，选定 I3:R3 区域。
(2) 将光标放在右下角填充柄上，向下填充，将出现完整的计算结果，如图 4-27 所示。

图 4-26　选定区域

	A	B	C	D	E	F	G	H	I	J	K	L	M	N	O	P	Q	R	S
	宏达公司工资结算单																		
	编号	人员类别	部门	姓名	基本工资	奖金	事假/天	病假/天	扣款/元	应发合计	失业保险	养老保险	医疗保险	住房公积金	应纳税所得额	代扣税	扣发合计	实发工资	签名
	001	管理人员	办公室	王娅玲	4000	560	1	3	293	4267	42.7	170.7	85.33	512	-44	0	811	3456	
	002	职工	一车间	李阳	3500	2430	0	0	0	5930	59.3	237.2	118.6	711.6	1303.3	39.099	1166	4764	
	003	管理人员	财务部	李阳阳	3600	2277	0	0	0	5877	58.8	235.1	117.5	705.24	1260.4	37.811	1154	4723	
	004	管理人员	市场部	陈庚	3600	710	0	0	0	4310	43.1	172.4	86.2	517.2	-8.9	0	819	3491	
	005	临时人员	市场部	王蕾	2500	0	0	0	0	2500	25	100	50	300	-1475	0	475	2025	
	006	职工	一车间	邓梦娜	4000	1448	1	0	133	5315	53.1	212.6	106.3	637.76	804.88	24.146	1034	4281	
	007	职工	一车间	王莉华	2600	1406	0	0	0	4006	40.1	160.2	80.12	480.72	-255.1	0	761	3245	
	008	管理人员	财务部	张贺	3450	649	0	0	92	4007	40.1	160.3	80.14	480.84	-254.3	0	761	3246	
	009	临时人员	财务部	李小倩	2400	0	0	0	0	2400	24	96	48	288	-1556	0	456	1944	
	010	职工	一车间	刘礼刚	3600	200	2	3	384	3416	34.2	136.6	68.32	409.92	-733	0	649	2767	

图 4-27 向下填充

> **小贴士**
>
> 设置 G 列–R 列的单元格格式为保留一位小数。

1. 设置 I3 单元格属性

右击 I3 单元格，在"设置单元格格式"对话框中选择"数字"选项卡，在列表框中选择"数值"项，"小数位数"选择"1"，然后单击"确定"按钮。

2. 运用格式刷设置其他需要设置的单元格属性

任务实施与检查

1. 任务实施

安排 90 分钟学生上机操作。

2. 任务检查

教师巡视检查，解答问题。

3. 任务评价

（1）教师评价：

任务操作及内容	任 务 评 价
一、设计工资结算汇总表格式	
二、定义应发工资公式	
三、定义代扣款项公式	
四、定义个人所得税公式	
五、定义实发工资公式	
总　评：	

(2)学生自评：

任务操作及内容	任务完成情况
一、设计工资结算汇总表格式	
二、定义应发工资公式	
三、定义代扣款项公式	
四、定义个人所得税公式	
五、定义实发工资公式	
总　　评：	
问题与解疑：	

任务二　制作工资条并打印

案例导入

俗话说："小问题难倒老财务"，财务人员每天面对 Excel 强大的功能但却做着烦琐单调的工作，能不能找到更简单更有效率的方法呢？在工资明细表中，工资的项目（表头）一般只出现在表格开头的第一行，而在工资条中，为了便于阅读则要求每个人的工资条都有表头，那么如何巧妙地将工资明细表制作成便于打印的工资条呢？

一、制作工资条

任务驱动

制作针对每个员工的有每个项目名称的工资条。

知识链接

Excel 软件中的数据处理功能非常强大，上述项目中已经学会用它来制作工资表，用工资明细表做员工工资统计并向上级汇报，剩下的任务就是面对每一个员工发工资了。这样就出现了下一个问题：制作工资条！制作工资条的一般方法是"复制标题行、插入复制单元格"，然后裁剪下来发给每一位员工。但这样做很麻烦，特别是员工人数达到几百上千人的单位，做起来很费时间。

"条条大路通罗马"，不过路有远近之分，方法也有难易之别，下面提供一种利用 Excel 的排序功能简单制作工资条的方法。

基本步骤

（1）打开所建宏达公司三月份工资表，共有 10 个人，如图 4-27 所示。

（2）选定三月份工作表标签，在工作表标签的左上角出现一个黑色小三角，同时按住【Ctrl】键，复制工作表为"三月份工资表（2）"，如图 4-28 所示。

（3）将"三月份工资表（2）"重命名为"三月份工资条"（在工作表标签上双击即可）。

图 4-28　复制工作表

（4）选中所有内容区域，取消所有单元格合并，如图 4-29 所示。

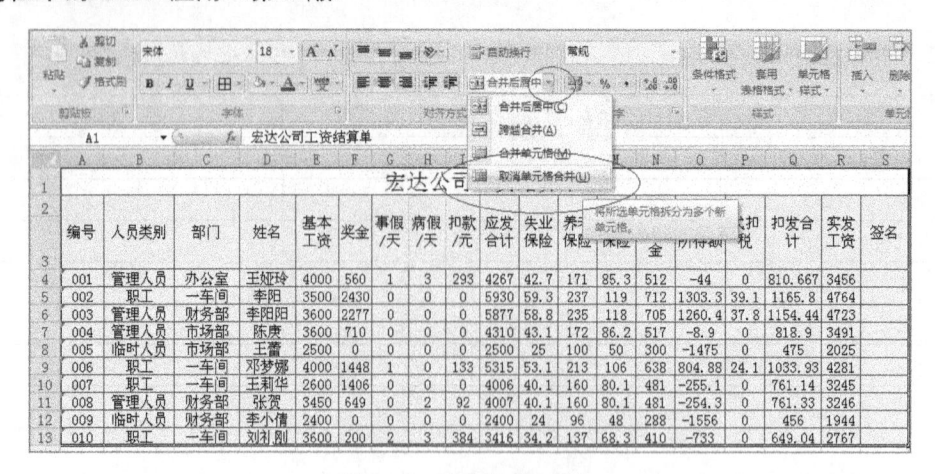

图 4-29 取消单元格合并

（5）删除标题行，并调整各行高度，如图 4-30 所示。

编号	人员类别	部门	姓名	基本工资	奖金	事假/天	病假/天	扣款/元	应发合计	失业保险	养老保险	医疗保险	住房公积金	应纳税所得额	代扣税	扣发合计	实发工资	签名
001	管理人员	办公室	王娅玲	4000	560	1	3	293	4267	42.7	171	85.3	512	-44	0	810.667	3456	
002	职工	一车间	李阳	3500	2430	0	0	0	5930	59.3	237	119	712	1303.3	39.1	1165.8	4764	
003	管理人员	财务部	李阳阳	3600	2277	0	0	0	5877	58.8	235	118	705	1260.4	37.8	1154.44	4723	
004	管理人员	市场部	陈庚	3600	710	0	0	0	4310	43.1	172	86.2	517	-8.9	0	818.9	3491	
005	临时人员	市场部	王蕾	2500	0	0	0	0	2500	25	100	50	300	-1475	0	475	2025	
006	职工	一车间	邓梦娜	4000	1448	0	0	133	5315	53.1	213	106	638	804.88	24.1	1033.93	4281	
007	职工	一车间	王莉华	2600	1406	0	0	0	4006	40.1	160	80.1	481	-255.1	0	761.14	3245	
008	管理人员	财务部	张贺	3450	649	0	2	92	4007	40.1	160	80.1	481	-254.3	0	761.33	3246	
009	临时人员	财务部	李小倩	2400	0	0	0	0	2400	24	96	48	288	-1556	0	456	1944	
010	职工	一车间	刘礼刚	3600	200	2	3	384	3416	34.2	137	68.3	410	-733	0	649.04	2767	

图 4-30 调整表格

（6）在工资表中最后一列签名栏中向下输入 1、2…一直到 10，注意：输入的数字与工资表的数据部分的行数相同（在签名栏中进行排序是因为在工资条上个人是不用签名的），如图 4-31 所示。

编号	人员类别	部门	姓名	基本工资	奖金	事假/天	病假/天	扣款/元	应发合计	失业保险	养老保险	医疗保险	住房公积金	应纳税所得额	代扣税	扣发合计	实发工资	签名
001	管理人员	办公室	王娅玲	4000	560	1	3	293	4267	42.7	171	85.3	512	-44	0	810.667	3456	1
002	职工	一车间	李阳	3500	2430	0	0	0	5930	59.3	237	119	712	1303.3	39.1	1165.8	4764	2
003	管理人员	财务部	李阳阳	3600	2277	0	0	0	5877	58.8	235	118	705	1260.4	37.8	1154.44	4723	3
004	管理人员	市场部	陈庚	3600	710	0	0	0	4310	43.1	172	86.2	517	-8.9	0	818.9	3491	4
005	临时人员	市场部	王蕾	2500	0	0	0	0	2500	25	100	50	300	-1475	0	475	2025	5
006	职工	一车间	邓梦娜	4000	1448	0	0	133	5315	53.1	213	106	638	804.88	24.1	1033.93	4281	6
007	职工	一车间	王莉华	2600	1406	0	0	0	4006	40.1	160	80.1	481	-255.1	0	761.14	3245	7
008	管理人员	财务部	张贺	3450	649	0	2	92	4007	40.1	160	80.1	481	-254.3	0	761.33	3246	8
009	临时人员	财务部	李小倩	2400	0	0	0	0	2400	24	96	48	288	-1556	0	456	1944	9
010	职工	一车间	刘礼刚	3600	200	2	3	384	3416	34.2	137	68.3	410	-733	0	649.04	2767	10

图 4-31 输入签名列

（7）在刚输入的数字 10 下面向下继续输入 1.1、2.1、3.1…一直到 9.1，比上面的数据少一行即可。复制标题行并粘贴到 1.1 行，下拉复制填充至 9.1 行，如图 4-32 所示。

编号	人员类别	部门	姓名	基本工资	奖金	事假/天	病假/天	扣款/元	应发合计	失业保险	养老保险	医疗保险	住房公积金	应纳税所得额	代扣税	扣发合计	实发工资	签名
001	管理人员	办公室	王娅玲	4000	560	1	3	293	4267	42.7	171	85.3	512	−44	0	810.667	3456	1
002	职工	一车间	李阳	3500	2430	0	0	0	5930	59.3	237	119	712	1303.3	39.1	1165.8	4764	2
003	管理人员	财务部	李阳阳	3600	2277	0	0	0	5877	58.8	235	118	705	1260.4	37.8	1154.44	4723	3
004	管理人员	市场部	陈庚	3600	710	0	0	0	4310	43.1	172	86.2	517	−8.9	0	818.9	3491	4
005	临时人员	市场部	王蕾	2500	0	0	0	0	2500	25	100	50	300	−1475	0	475	2025	5
006	职工	一车间	邓梦娜	4000	1448	1	0	133	5315	53.1	213	106	638	804.88	24.1	1033.93	4281	6
007	职工	一车间	王莉华	2600	1406	0	0	0	4006	40.1	160	80.1	481	−255.1	0	761.33	3245	7
008	管理人员	财务部	张贺	3450	649	0	2	92	4007	40.1	160	80.1	481	−254.3	0	761.33	3245	8
009	临时人员	财务部	李小倩	2400	0	0	0	0	2400	24	96	48	288	−1556	0	456	1944	9
010	职工	一车间	刘礼刚	3600	200	2	3	384	3416	34.2	137	68.3	410	−733	0	649.04	2767	10
编号	人员类别	部门	姓名	基本工资	奖金	事假/天	病假/天	扣款/元	应发合计	失业保险	养老保险	医疗保险	住房公积金	应纳税所得额	代扣税	扣发合计	实发工资	1.1

图 4-32　复制填充表头

（8）选中表头中的"签名"单元格，然后选择"排序和筛选"|"升序"命令，工资条即自动生成，如图 4-33 所示。

图 4-33　按签名列排序

（9）最后删除"签名"列，调整行高度即可，生成效果如图 4-34 所示。

图 4-34　效果图

小贴士

在刚才的操作中，首先对需要排序的单元格进行了格式上的调整，取消了对单元格的合并。如不先进行这样的操作，则在进行排序时将会提示：此操作要求合并单元格具有相同大小。

二、打印工资条

案例导入

电子表格文件经常都需要打印，在安装打印机的状态下，选择"页面布局"|"页面设置"命令，并对其中选项进行设置，同时调整列宽、行高以适应打印区域。如各选项均为灰色则可能是没有安装打印机，如图 4-35 所示。

图 4-35 打印设置

任务驱动

（1）页面设置；
（2）打印设置。

基本步骤

（1）打开工资表文件，在页面设置工具中分别选择纸张方向，因为工资表涉及的项目较多，可以选择 A4 纸\纵向，如图 4-36 所示。
（2）打开页面预览，调整页边距。
（3）打开打印对话框，设置打印范围，如图 4-37 所示。

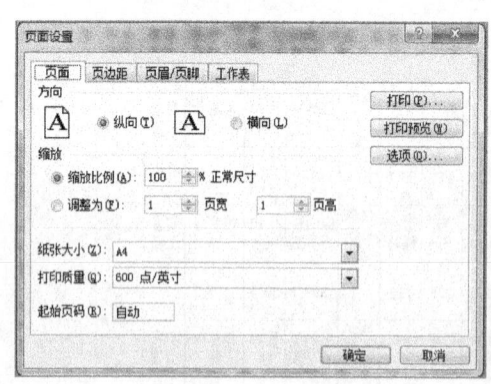

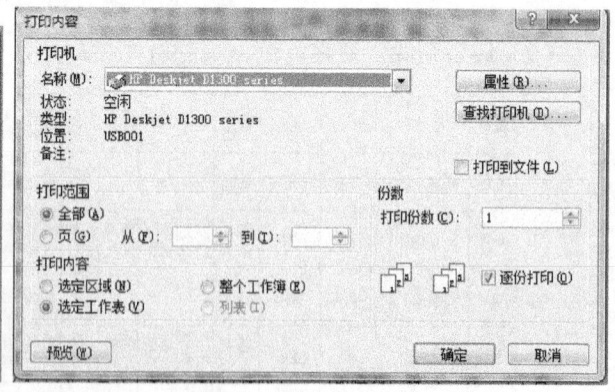

图 4-36 页面设置　　　　图 4-37 打印范围设置

（4）再打开属性对话框设置相关选项，然后单击"确定"按钮，如图 4-38 所示。

图 4-38 属性对话框设置

🏛 任务实施与检查

1．任务实施

安排 20 分钟学生上机操作。

2．任务检查

教师巡视检查，解答问题。

3．任务评价

（1）教师评价：

任务操作及内容	任务评价
一、制作工资条	
二、打印工资条	
总　　评：	

（2）学生自评：

任务操作及内容	任务完成情况
一、制作工资条	
二、打印工资条	
总　　评：	
问题与解疑：	

边学边练

如图 4-39~图 4-41 所示,在 Excel 中创建伟业公司工资工作簿。事假、病假扣款标准及公式见表 4-2;失业保险、养老保险、医疗保险、住房公积金缴纳标准及公式见表 4-3,代扣个人所得税税率表见表 4-4。

2016年4月伟业公司财会部工资结算单

编号	人员类别	姓名	基本工资	奖金	事假/天	病假/天	扣款/元	应发合计	失业保险	养老保险	医疗保险	住房公积金	应纳税所得额	代扣税	扣发合计	实发工资	签名
001	管理人员	冯晶晶	2868	920	1	3	210.3	3577.7	35.8	143.1	71.6	429.3	-602.1	0.0	890.1	2687.6	
002	职工	宋莹	3067	780		1	40.9	3806.1	38.1	152.2	76.1	456.7	-417.1	0.0	764.1	3042.1	
003	职工	张飞燕	2584	670		2	68.9	3185.1	31.9	127.4	63.7	382.2	-920.1	0.0	674.1	2511.0	
004	管理人员	魏鹏	2226	660		5	148.4	2737.6	27.4	109.5	54.8	328.5	-1282.5	0.0	668.5	2069.1	
005	临时人员	高亚萍	5008	690			0.0	5698.0	57.0	227.9	114.0	683.8	1115.4	33.5	1116.1	4581.9	
006	职工	池胜男	5627	840			0.0	6467.0	64.7	258.7	129.3	776.0	1738.3	68.8	1297.6	5169.4	
007	职工	鲍玉霞	5582	650			0.0	6232.0	62.3	249.3	124.6	747.8	1547.9	49.8	1233.9	4998.1	
008	管理人员	郑天娇	2506	580			0.0	3086.0	30.9	123.4	61.7	370.3	-1000.3	0.0	586.3	2499.7	
009	临时人员	张梦科	2557	560			0.0	3117.0	31.2	124.7	62.3	374.0	-975.2	0.0	592.2	2524.8	
010	职工	张小月	3207	500		3	128.3	3578.7	35.8	143.1	71.6	429.4	-601.2	0.0	808.2	2770.5	
								4148.5									

图 4-39 2016 年 4 月伟业公司财会部工资结算单

2016年4月伟业公司工程部工资结算单

编号	人员类别	姓名	基本工资	奖金	事假/天	病假/天	扣款/元	应发合计	失业保险	养老保险	医疗保险	住房公积金	应纳税所得额	代扣税	扣发合计	实发工资	签名
001	管理人员	徐文酒	3198	950			0.0	4148.0	41.5	165.9	83.0	497.8	-140.1	0.0	788.1	3359.9	
002	职工	李宁	2565	620	1		85.5	3099.5	31.0	124.0	62.0	371.9	-989.4	0.0	674.4	2425.1	
003	管理人员	李艺	2265	350	2		151.0	2464.0	24.6	98.6	49.3	295.7	-1504.2	0.0	619.2	1844.8	
004	管理人员	周奕南	3567	860	2		237.8	4189.2	41.9	167.6	83.8	502.7	-106.7	0.0	1033.7	3155.5	
005	临时人员	周雪	2457	980		2	65.5	3371.5	33.7	134.9	67.4	404.6	-769.1	0.0	706.1	2665.4	
006	职工	杨雅君	2134	780	5		355.7	2558.3	25.6	102.3	51.2	307.0	-1427.8	0.0	841.8	1716.6	
007	职工	王丽	3568	450			0.0	4018.0	40.2	160.7	80.4	482.2	-245.4	0.0	763.4	3254.6	
008	管理人员	张佳佳	3565	340			0.0	3905.0	39.1	156.2	78.1	468.6	-337.0	0.0	742.0	3163.1	
009	临时人员	陈亚军	2087	550			0.0	2637.0	26.4	105.5	52.7	316.4	-1364.0	0.0	501.0	2136.0	
010	职工	彭丽坤	3554	330	3	0.5	379.1	3504.9	35.0	140.2	70.1	420.6	-661.0	0.0	1045.0	2459.9	
011	管理人员	方圆	2578	450			0.0	3028.0	30.3	121.1	60.6	363.4	-1047.3	0.0	575.3	2452.7	
012	职工	周小玉	3565	870			0.0	4435.0	44.4	177.4	88.7	532.2	92.4	2.8	845.4	3589.6	
013	管理人员	张智彬	3087	740			0.0	3827.0	38.3	153.1	76.5	459.2	-400.1	0.0	727.1	3099.9	
014	管理人员	陶意凡	3554	910			0.0	4464.0	44.6	178.6	89.3	535.7	115.8	3.5	851.6	3612.4	
015	临时人员	肖雨阳	3978	610	1	0.5	159.1	4428.9	44.3	177.2	88.6	531.5	87.4	2.6	1003.2	3425.7	
								3605.2									

图 4-40 2016 年 4 月伟业公司工程部工资结算单

2016年4月伟业公司销售部工资结算单

编号	人员类别	姓名	基本工资	奖金	事假/天	病假/天	扣款/元	应发合计	失业保险	养老保险	医疗保险	住房公积金	应纳税所得额	代扣税	扣发合计	实发工资	签名
001	管理人员	李杨	4317	520			57.6	4779.4	47.8	191.2	95.6	573.5	371.3	11.1	976.8	3802.6	
002	职工	陈雨飞	5146	520			0.0	5666.0	56.7	226.6	113.3	679.9	1089.5	32.7	1109.2	4556.8	
003	管理人员	李清炎	3890	480	1	2	233.4	4136.6	41.4	165.5	82.7	496.4	-149.4	0.0	1019.4	3117.2	
004	管理人员	张泽旺	4112	460			0.0	4572.0	45.7	182.9	91.4	548.6	203.3	6.1	874.8	3697.2	
005	临时人员	郝林林	4098	450			0.0	4548.0	45.5	181.9	91.0	545.8	183.9	5.5	869.6	3678.4	
006	职工	李志任	4606	450	0.5		76.8	4979.2	49.8	199.2	99.6	597.5	533.2	16.0	1038.8	3940.4	
007	职工	孟令军	4608	466			0.0	5074.0	50.7	203.0	101.5	608.9	609.9	18.3	982.4	4091.6	
008	职工	王晓博	5013	460	7		467.9	5005.1	50.1	200.2	100.1	600.6	554.1	16.6	1435.5	3569.6	
009	临时人员	邢建华	4640	466			0.0	5106.0	51.1	204.2	102.1	612.7	635.9	19.1	989.2	4116.8	
010	职工	张光波	4641	630			0.0	5271.0	52.7	210.8	105.4	632.5	769.5	23.1	1024.6	4246.4	
011	职工	张欢波	4775	430	0.5		31.8	5173.2	51.7	206.9	103.5	620.8	690.3	20.7	1035.4	4137.7	
012	职工	张尚光	4681	480			0.0	5161.0	51.6	206.4	103.2	619.3	680.4	20.4	1001.0	4160.0	
013	管理人员	潘伟伟	4219	551			0.0	4770.0	47.7	190.8	95.4	572.4	363.7	10.9	917.2	3852.8	
014	职工	王剑	4305	400			0.0	4705.0	47.1	188.2	94.1	564.6	311.1	9.3	903.3	3801.7	
015	临时人员	陈佳佳	4690	460	3		187.6	4962.4	49.6	198.5	99.2	595.5	519.5	15.6	1146.0	3816.4	
016	管理人员	海旭英	4009	800	4		213.8	4595.2	46.0	183.8	91.9	551.4	222.1	6.7	1093.6	3501.6	
017	职工	张云龙	4435	831			0.0	5266.0	52.7	210.6	105.3	631.9	765.5	23.0	1023.5	4242.5	
018	管理人员	李小龙	4605	800	1		61.4	5343.6	53.4	213.7	106.9	641.2	828.3	24.8	1101.5	4242.1	
019	管理人员	杨霞	4634	843	3		185.4	5291.6	52.9	211.7	105.8	635.0	786.2	23.6	1214.4	4077.3	
020	临时人员	田亚龙	4634	830			0.0	5464.0	54.6	218.6	109.3	655.7	925.8	27.8	1065.9	4398.1	
								4993.5									

图 4-41 2016 年 4 月伟业公司销售部工资结算单

要求：

(1) 分别制作财会部、工程部、销售部工作表，设置表体中"扣款合计"和"实发工资"列的单元格属性为"数值型"且保留1位小数，进行公式定义并进行计算填充。

(2) 分别计算三个部门的平均工资，同时在新建工作表中插入以各部门平均工资比较图命名的各部门平均工资柱形比较图，并在图中标注平均工资数值。

(3) 制作工程部的工资条。

项目五

固定资产卡片设计及折旧函数的使用

学习目标

- ❖ 掌握固定资产卡片的设计方法。
- ❖ 熟悉固定资产折旧的计算方法及固定资产卡片输入的方式。
- ❖ 了解固定资产中的数据管理。

任务目标

- ❖ 固定资产卡片设计。
- ❖ 固定资产折旧计算。
- ❖ 固定资产数据管理。

任务一　固定资产卡片设计

案例导入

3月初，宏达公司准备进行固定资产清查，公司董事会要求财务部门配合资产管理部门尽快提供年底的固定资产明细清单。财务部门主管和资产管理部门主管经商议后决定，先让会计小张制作一个固定资产管理工作簿，再由资产管理员小李提供全部资产的明细资料，最后根据资产的明细资料内容录入固定资产管理工作簿中。由于固定资产清查完成后，固定资产卡片将不再手工填制，于是小张决定用固定资产管理工作簿直接生成卡片并用于打印。为了办好此项任务，小张需要做好两项工作：

（1）利用Excel电子表格制作一个固定资产管理工作簿。

（2）设计好固定资产明细与固定资产卡片之间的数据关系，防止重复工作。

一、创建固定资产卡片结构

任务驱动

（1）新建固定资产管理工作簿；

（2）工作簿包含固定资产卡片、固定资产明细、基础信息三个工作表；

（3）整理保存固定资产管理工作簿。

知识链接

固定资产管理中的基本信息是固定资产的信息库。一般情况下，在固定资产信息库中所填列的内容比较多，例如：卡片编号、固定资产编号、固定资产名称、类别名称、增加方式、规格型号、使用部门、使用状况、使用年限、计量单位、数量、折旧方法、开始使用日期、已计提月份、剩余计提月份、原值、净残值率、净残值、总工作量等。一般来说，企业有多少项固定资产，就应建立多少张固定资产卡片。因此，一个界面友好、输入方便的卡片格式就显得很重要。

固定资产管理主要包括以下几个方面的内容：

（1）固定资产卡片：主要用于使用部门的保存管理，可以作为固定资产台账的记录依据。

（2）固定资产明细：包含与固定资产有关的所有项目内容（卡片编号、固定资产编号、固定资产名称、类别名称、增加方式、规格型号、使用部门、使用状况、使用年限、计量单位、数量、折旧方法、开始使用日期、已计提月份、剩余计提月份、原值、净残值率、净残值、总工作量），资产管理部门可根据本表对固定资产进行的有效管理。

（3）基础信息：为了提高数据输入的准确性和效率，将一些数据内容相对比较固定的项目信息集中到本表。

基本步骤

1. 新建一张固定资产管理工作簿

选中"开始"|"所有程序"|"Microsoft Office"|"Microsoft Excel 2010"命令，打开工作簿，如图 5-1 所示。

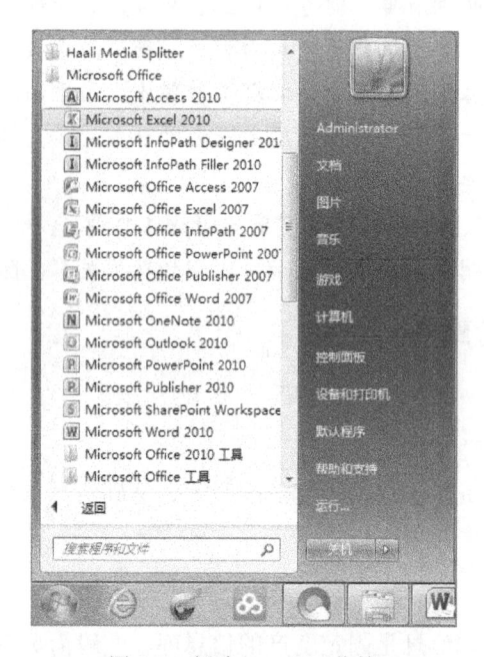

图 5-1 新建 Excel 工作簿

2. 固定资产管理工作簿结构设计

企业根据自身的特点，设计的固定资产卡片结构会有所不同。

假设某企业固定资产管理包含固定资产卡片、固定资产明细、基础信息三个方面，则相应地在工作簿中将工作表的标签名称"Sheet1"、"Sheet2"、"Sheet3"分别改为"固定资产卡片"、"固定资产明细"和"基础信息"。

具体操作步骤如下：

（1）在工作表标签名称"Sheet1"上右击，在弹出的快捷菜单中选择"重命名"命令，输入"固定资产卡片"，如图 5-2 所示。

注意：重命名后要按【Enter】（回车）键确认。

（2）用同样的方式对工作表"Sheet2"、"Sheet3"进行重命名。

3. 整理保存固定资产管理工作簿

固定资产工作簿结构设计完成后，注意要保存，即按【Ctrl+S】组合键。

具体操作步骤如下：

（1）单击"文件"菜单，选择"保存"或"另存为"命令，如图 5-3 所示。

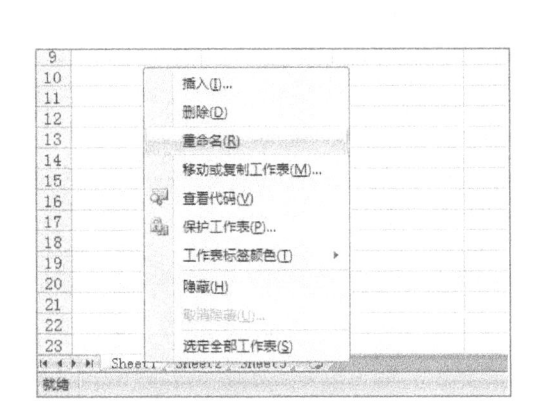

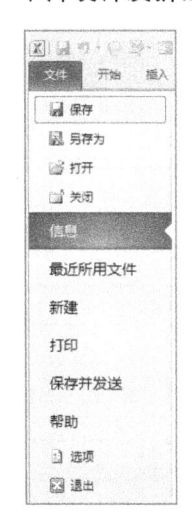

项目五　固定资产卡片设计及折旧函数的使用

图 5-2　设置表页名称　　　　　图 5-3　选择保存

（2）弹出"保存"对话框，选择好保存路径，录入文件名"固定资产管理"，再单击"保存"按钮，如图 5-4 所示。

小贴士

（1）新建 Excel 工作簿的第二种方法是：在桌面空白处右击，选择"新建"|"Microsoft Excel 工作表"命令，打开一张工作表。

（2）保存操作还可以通过直接单击功能区的 ■ 按钮来完成。

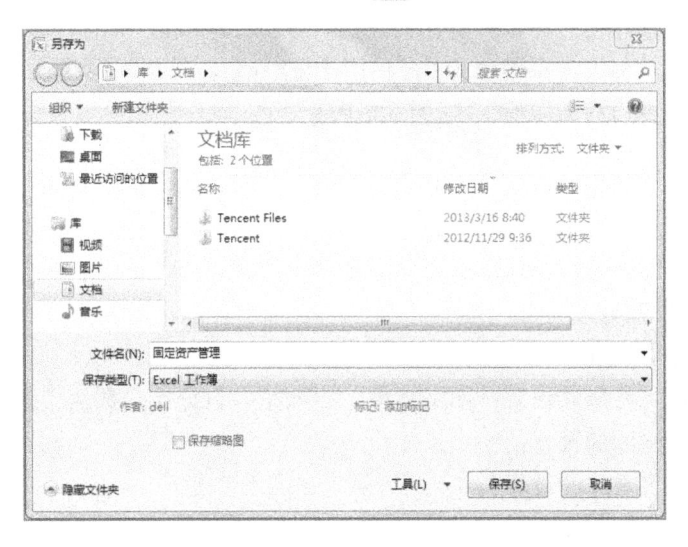

图 5-4　保存 Excel 工作簿

二、固定资产卡片内容格式设计

任务驱动

在上述操作结果的基础上，完成以下任务：

83

(1) 选择"固定资产卡片"工作表页，录入固定资产卡片内容，如图 5-5 所示。

固定资产卡片

卡片编号	_____		日期	
固定资产编号		固定资产名称		
类别名称		增加方式		规格型号	
使用部门		使用状况		使用年限（年）	
计量单位		数量		折旧方法	
开始使用日期		已计提月份		剩余计提月份	
原值（元）		净残值率		净残值	
年份		年折旧额		累计折旧	年末折余价值
0					
1					
2					

图 5-5　固定资产卡片样式

(2) 根据以下资料对"固定资产卡片"工作表进行格式设计。

- 列宽：设置为 15；
- 卡片编号：文本型并带下画线；
- 日期、开始使用日期：日期型，选择格式为"2001 年 3 月 14 日"；
- 净残值率：百分比型，小数位为 0；
- 使用年限、已计提月份、剩余计提月份、原值、净残值、年折旧额、累计折旧、年末折余价值：数值型，小数位为 0，使用千位分隔符；
- 表格边框：外边框为粗线，内边框为虚线；
- 对齐方式：居中。

知识链接

固定资产卡片内容格式设计主要包括以下几个方面：
(1) 文字内容的录入；
(2) 卡片列宽的设置；
(3) 卡片中单元格属性设置：如文本型、日期型、百分比、数值型等；
(4) 卡片中表格线的设置；
(5) 卡片中对齐方式的设置。

基本步骤

1. 录入固定资产卡片内容

(1) 打开"固定资产管理.xlsx"工作簿。
(2) 在"固定资产卡片"表页中录入下列固定资产卡片项目：

- 在 A1 中录入"固定资产卡片";
- 在 A2 中录入"卡片编号";在 E2 中录入"日期";
- 在 A3 中录入"固定资产编号";在 C3 中录入"固定资产名称";
- 在 A4 中录入"类别名称";在 C4 中录入"增加方式";在 E4 中录入"规格型号";
- 在 A5 中录入"使用部门";在 C5 中录入"使用状况";在 E5 中录入"使用年限（年）";
- 在 A6 中录入"计量单位";在 C6 中录入"数量";在 E6 中录入"折旧方法";
- 在 A7 中录入"开始使用日期";在 C7 中录入"已计提月份";在 E7 中录入"剩余计提月份";
- 在 A8 中录入"原值（元）";在 C8 中录入"净残值率";在 E8 中录入"净残值";
- 在 A9 中录入"年份";在 B9 中录入"年折旧额";在 E9 中录入"累计折旧";在 F9 中录入"年末折余价值";
- 在 A10 中录入"0";
- 在 A11 中录入"1"。

2. 设计固定资产卡片格式

（1）合并单元格。

- 选中 A1:F1 区域，单击"开始"菜单选项卡，选择"对齐方式"中的 功能按钮，如图 5-6 所示。

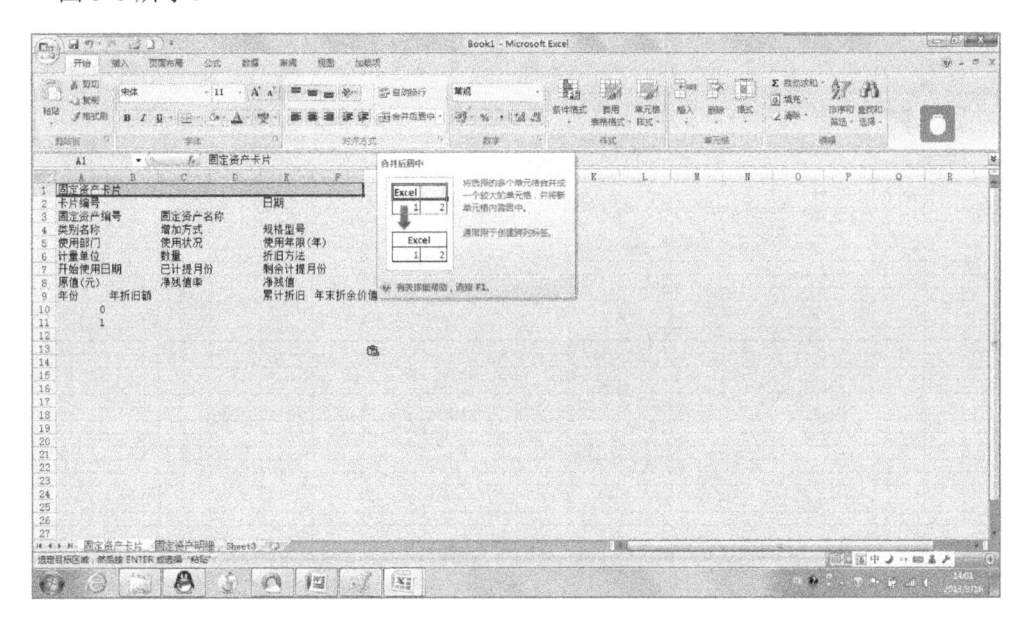

图 5-6　合并单元格

- 用同样的方法合并区域 D3:F3，B9:D9，B10:D10，B11:D11。

（2）定义列宽。

- 选中列标 A:F 区域并右击，在弹出的快捷菜单中选择"列宽"命令，设置列宽为 15，如图 5-7 所示。

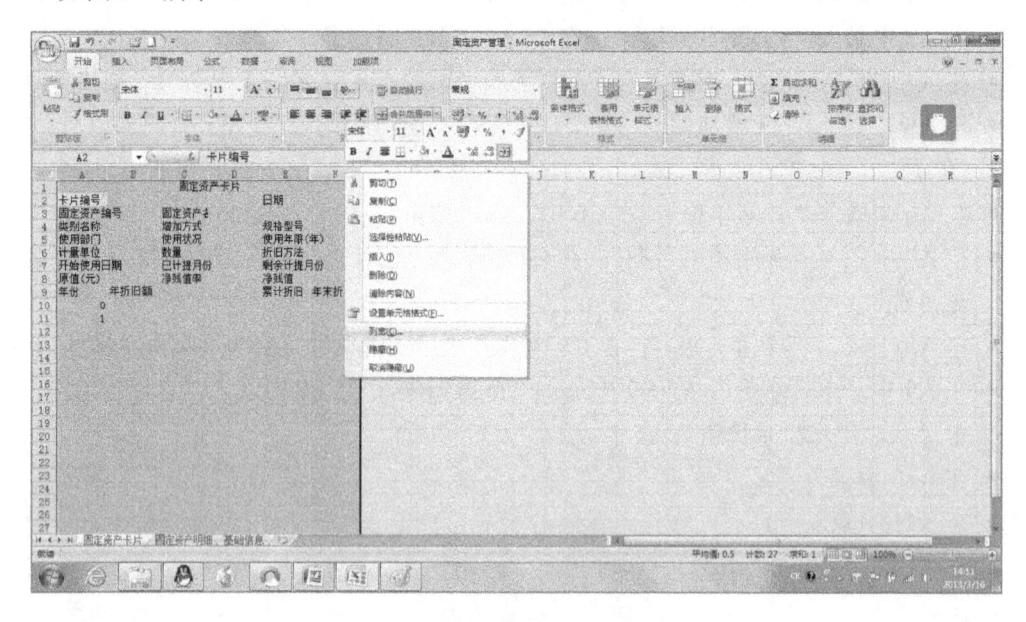

图 5-7　设置列宽

（3）定义单元格下画线。
- 选中 B2 单元格，选择"字体"中 功能按钮。

（4）定义日期型单元格。
- 分别选中单元格 F2、B7 并右击，在弹出的快捷菜单中选择"设置单元格格式"命令，在"数字"选项卡中设置其分类为"日期"，类型为"2001 年 3 月 14 日"，如图 5-8 所示。

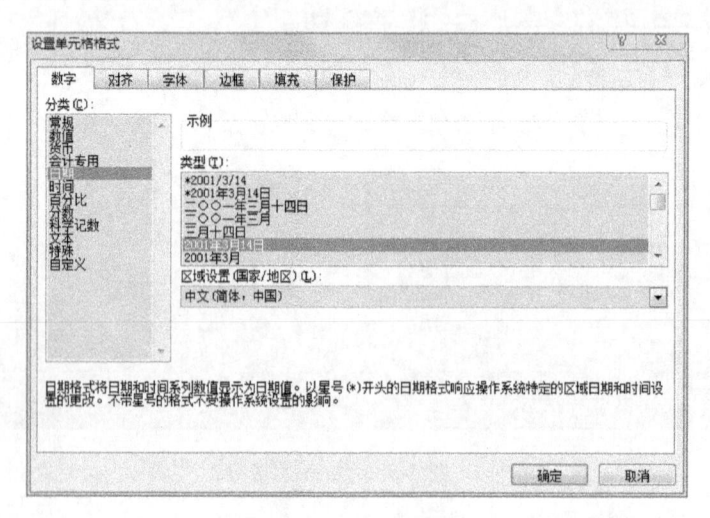

图 5-8　设置为日期型

（5）定义百分比型单元格。
- 选中 D8 单元格，在弹出的快捷菜单中选择"设置单元格格式"命令，在"数字"选项卡中设置其分类为"百分比"，小数位数为 0，如图 5-9 所示。

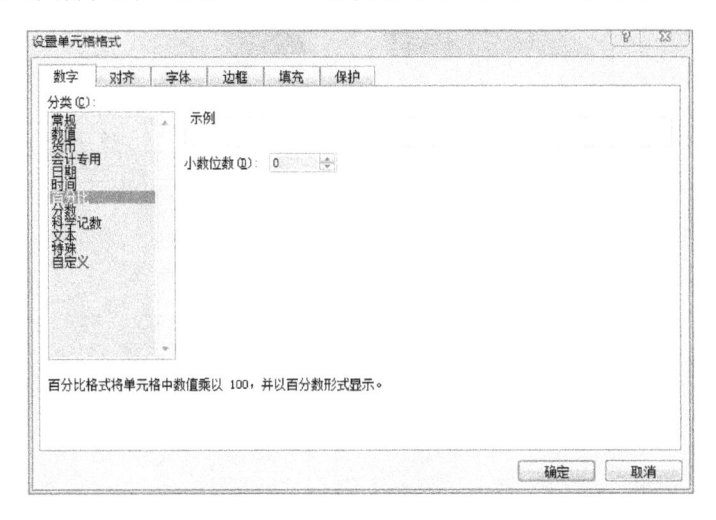

图 5-9　设置为百分比型

（6）定义数值型单元格。
- 选中 F5 单元格，在弹出的快捷菜单中选择"设置单元格格式"命令，在"数字"选项卡中设置其分类为"数值"，小数位数为 0，并使用千位分隔符，如图 5-10 所示。

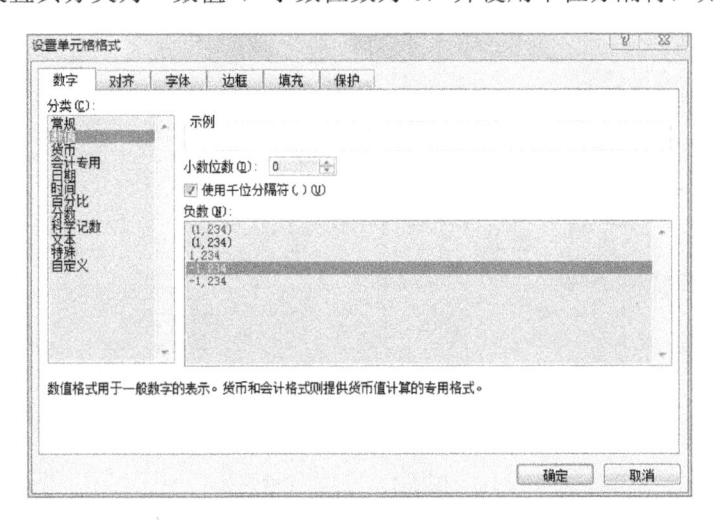

图 5-10　设置为数值型

用同样的方法设置单元格 D7、F7、B8、F8、B10、E10、F10、B11、E11 和 F11。

（7）定义文本型单元格。

选中 B2 单元格，在弹出的快捷菜单中选择"设置单元格格式"命令，在"数字"选项卡中设置其分类为"文本"，如图 5-11 所示。

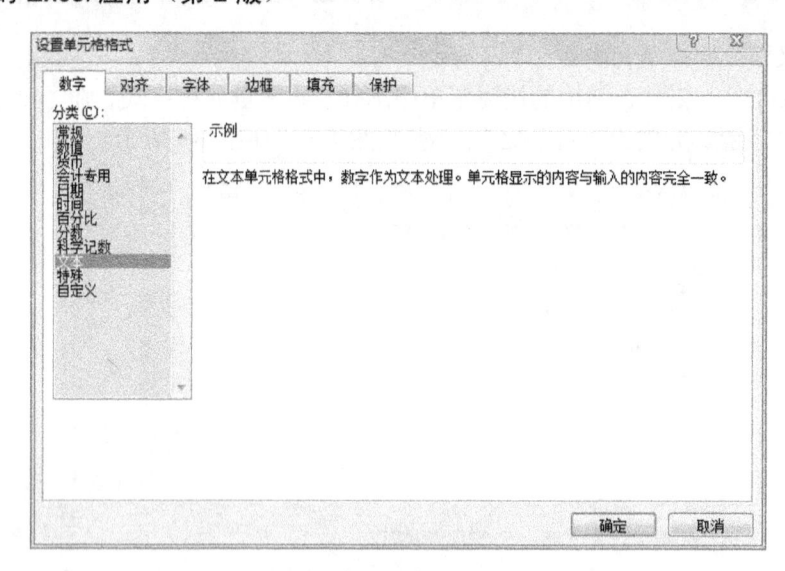

图 5-11　设置文本格式

（8）定义表格边框。
- 选中 A3:F11 区域右击，在弹出的快捷菜单中选择"设置单元格格式"命令，设置外边框为粗线、内边框为虚线，如图 5-12 所示。

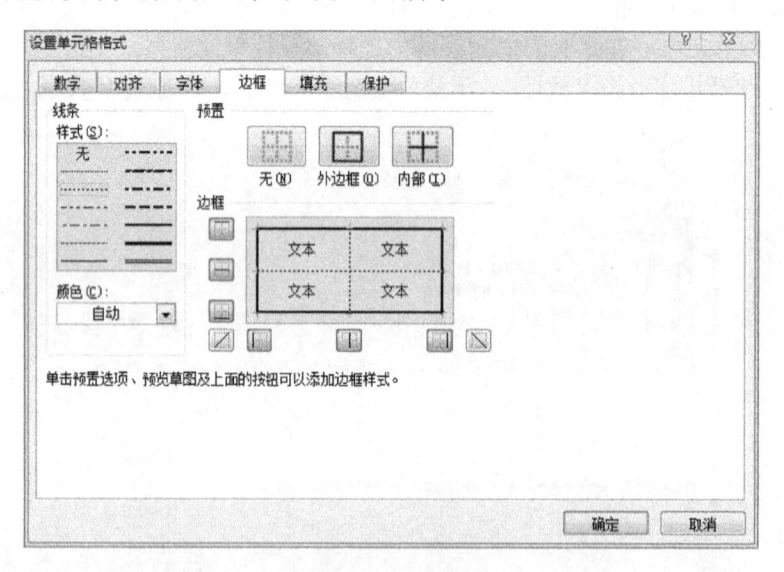

图 5-12　设置边框

（9）定义单元格对齐方式。
- 选中 A2:F11 区域右击，在弹出的快捷菜单中选择"设置单元格格式"命令，设置对齐方式水平、垂直均为"居中"，如图 5-13 所示。

3．整理保存固定资产管理工作簿

以上操作步骤完成后，效果界面如图 5-14 所示。

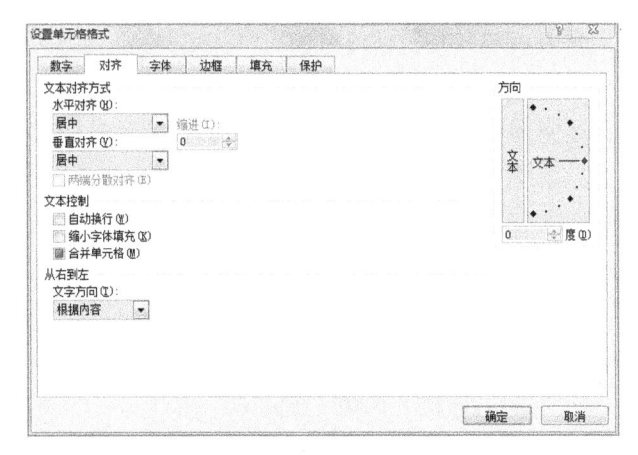

图 5-13　设置对齐方式

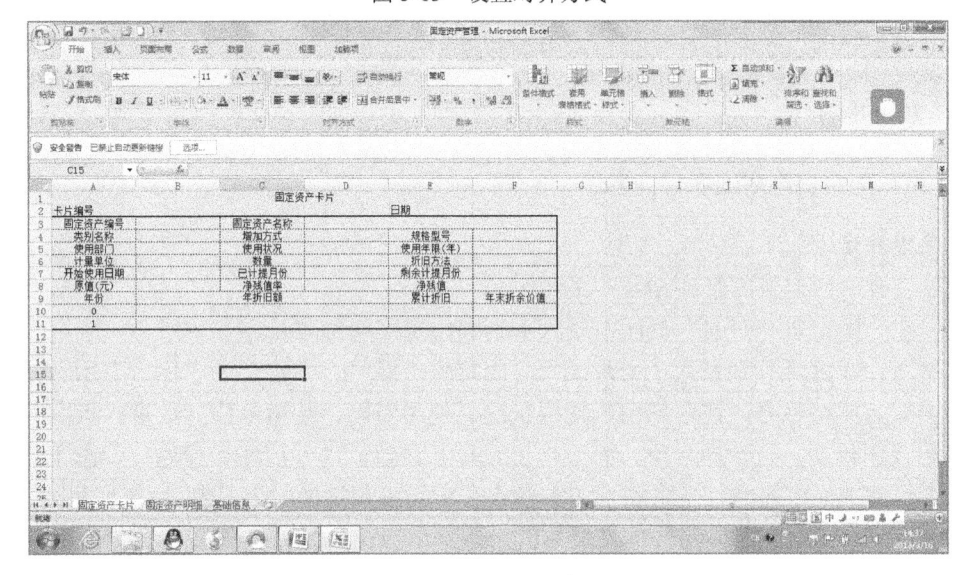

图 5-14　固定资产卡片设计完成后的效果

固定资产卡片内容格式设计完成后，注意要保存。在设计过程中，为了预防意外情况的发生，要随时进行文件的保存。

◎ 小贴士

（1）单元格合并时，区域 B9:D9，B10:D10，B11:D11 可以使用跨越合并，即按行合并。
（2）对不同的单元格设置相同的格式时，可以按【Ctrl】键进行非连续选择。

三、后期整理和保存固定资产卡片

任务驱动

在上述步骤二结果的基础上，完成以下任务：

（1）选择"固定资产明细"工作表，在第一行录入固定资产明细项目（卡片编号、固定资产编号、固定资产名称、类别名称、增加方式、规格型号、使用部门、使用状况、使用年限、计量单位、数量、折旧方法、开始使用日期、已计提月份、剩余计提月份、原值、净残值率、净残值、总工作量）。

（2）设置"固定资产明细"工作表中数据的有效性。

（3）设置"固定资产明细"工作表中的数据公式。

（4）选择"固定资产卡片"工作表，设置其数据来源。

知识链接

固定资产管理工作簿作为一个信息库，对于录入的相关数据要能够实现及时更新到相关表页中，因此还要对其进行后期整理，主要包括以下几个方面：

（1）录入"固定资产明细"工作表中的数据项目；

（2）设置"固定资产明细"工作表中数据的有效性；

（3）设置"固定资产明细"工作表中的数据公式；

（4）设置"固定资产卡片"工作表中的数据来源。

基本步骤

1．录入固定资产明细项目内容

具体操作步骤如下：

（1）打开"固定资产管理.xlsx"文件。

（2）在"固定资产明细"页面中录入下列固定资产明细项目：

- 在A1:S1区域分别录入"卡片编号、固定资产编号、固定资产名称、类别名称、增加方式、规格型号、使用部门、使用状况、使用年限、计量单位、数量、折旧方法、开始使用日期、已计提月份、剩余计提月份、原值、净残值率、净残值、总工作量"。

（3）设置A、B列单元格格式为文本格式，N列单元格格式为日期"*年*月*日"格式，设置N、O、P、R、S列单元格格式为数值格式，小数位数为0；设置R列单元格格式为百分比格式，小数位数为0。

（4）为使单元格中隐藏的数据完整的显示出来，设置A1:S1单元格的格式为对齐方式水平、垂直都居中，文本控制为自动换行。

- 选中A1:S1区域右击，在弹出的快捷菜单中选择"设置单元格格式"命令，在"对齐"选项卡中设置"水平对齐"和"垂直对齐"都为"居中"，"文本控制"为"自动换行"。如图5-15所示。

2．设置数据有效性序列

由于类别名称、使用部门、增加方式、使用状况和折旧方法这些项目中的数据内容比较固定，如"增加方式"可以选择"直接购入"、"投资者投入"、"捐赠"、"盘盈"、"在建工程转入"、"融资租入"，"折旧方法"可以选择"平均年限法"、"工作量法"、"年数总和法"、"双倍余额递减法"，为了提高数据输入的准确性和效率，可以通过对这些单元格设置数据有效性序列来实现。具体操作步骤如下：

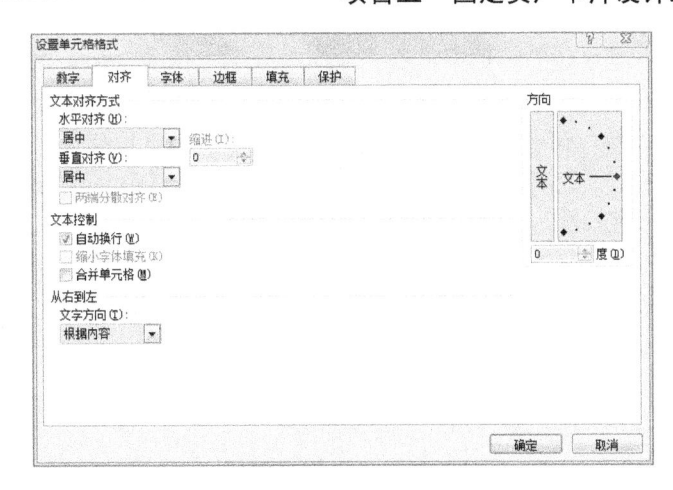

图 5-15　固定资产卡片设计完成后的效果

（1）选择"基础信息"表页，按照表 5-1 录入相应项目及内容。

表 5-1　基础信息

类别名称	使用部门	增加方式	使用状况	折旧方法
房屋建筑	企管部	直接购入	正常使用	平均年限法
机器设备	财务部	投资者投入	季节性停用	工作量法
办公设备	供应部	捐赠	经营性出租	年数总和法
运输设备	销售部	盘盈	大修理停用	双倍余额递减法
	生产部	在建工程转入	未使用	
	仓储部	融资租入	不需用	

（2）定义区域名称。

- 选择 A2:A5 区域，在名称框中录入"类别名称"，如图 5-16 所示。

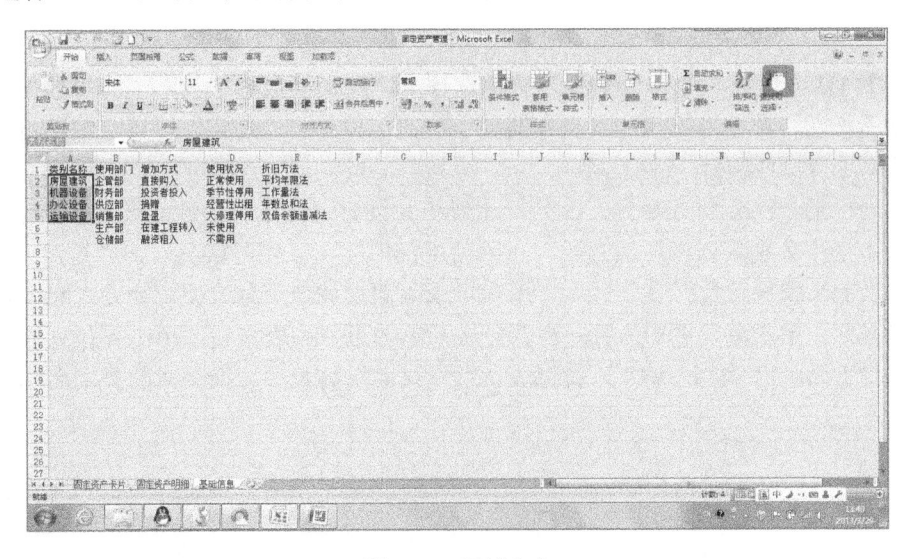

图 5-16　区域命名

- 选中 B2:B7 区域，在名称框中录入"使用部门"，按【Enter】键完成命名。
- 选中 C2:C7 区域，在名称框中录入"增加方式"，按【Enter】键完成命名。
- 选中 D2:D7 区域，在名称框中录入"使用状况"，按【Enter】键完成命名。
- 选中 E2:E5 区域，在名称框中录入"折旧方法"，按【Enter】键完成命名。

（3）设置数据的有效性。

- 选择"固定资产明细"表页，选中 D 列，单击"数据"菜单选项卡，选择"数据工具"中的 功能按钮，在"有效性条件"下的"允许"列表中选择"序列"项，在"来源"文本框中录入"=类别名称"。如图 5-17 所示。
- 单击"确定"按钮。

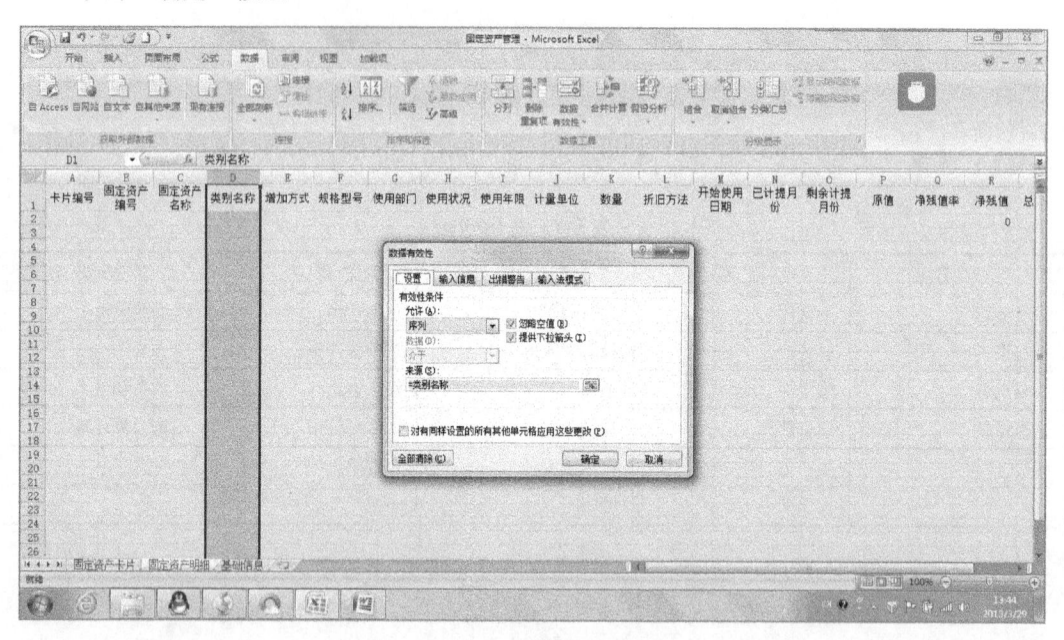

图 5-17 设置数据有效性

- 选中 D1 单元格，单击"数据"菜单选项卡，选择"数据工具"中的"数据有效性"功能按钮，单击左下角的"全部清除"按钮，再单击"确定"按钮，关闭对话框，完成对 D 列的数据有效性设置。
- 用同样的方法分别对 E 列、G 列、H 列和 L 列进行数据有效性的设置，其中"来源"文本框中分别录入"增加方式"、"使用部门"、"使用状况"、"折旧方法"。

通过以上步骤设置数据有效性后，用户再录入数据就会十分方便，如要在单元格 D2 中录入类别名称，单击单元格 D2 后，右侧会显示出 下拉列表按钮，单击下拉列表按钮，显示如图 5-18 所示的"类别名称"下拉列表，用户只需在列表中选择相应的类别名称并单击即可实现录入。

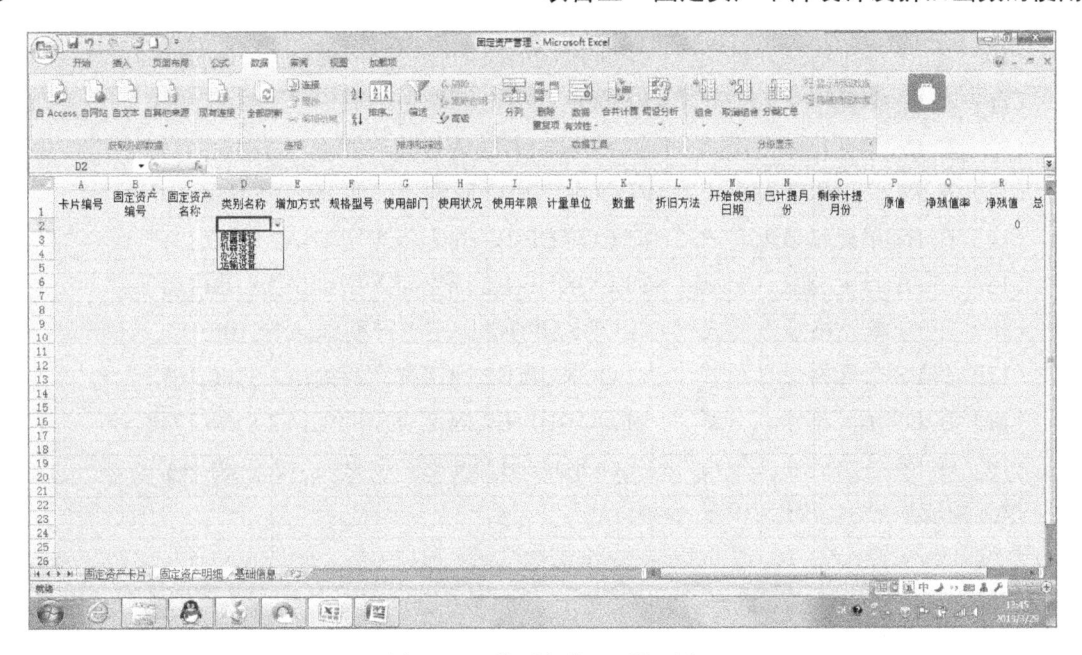

图 5-18 "类别名称"下拉列表

3. 设置固定资产明细数据公式

（1）选择"固定资产明细"表页。

（2）在 N2 单元格录入公式

"=(YEAR(TODAY())–YEAR(M2))*12+(MONTH(TODAY())–MONTH(M2))–1"。

（3）在 O2 单元格录入公式"=I2*12–N2"。

（4）在 R2 单元格录入公式"=P2*Q2"。

4. 设置固定资产卡片数据来源

（1）选择"固定资产卡片"表页。

（2）在 F2 单元格录入公式"=TODAY()"。

（3）在 B3 单元格录入公式"=VLOOKUP(B2,固定资产明细!A2:S100,2)"。

（4）在 D3 单元格录入公式"=VLOOKUP(B2,固定资产明细!A2:S100,3)"。

（5）在 B4 单元格录入公式"=VLOOKUP(B2,固定资产明细!A2:S100,4)"。

（6）在 D4 单元格录入公式"=VLOOKUP(B2,固定资产明细!A2:S100,5)"。

（7）在 F4 单元格录入公式

"=IF(VLOOKUP(B2,固定资产明细!A2:S100,6)=0,"",VLOOKUP(B2,固定资产明细!A2:S100,6))"。

（8）在 B5 单元格录入公式"=VLOOKUP(B2,固定资产明细!A2:S100,7)"。

（9）在 D5 单元格录入公式"=VLOOKUP(B2,固定资产明细!A2:S100,8)"。

（10）在 F5 单元格录入公式"=VLOOKUP(B2,固定资产明细!A2:S100,9)"。

（11）在 B6 单元格录入公式"=VLOOKUP(B2,固定资产明细!A2:S100,10)"。

（12）在 D6 单元格录入公式"=VLOOKUP(B2,固定资产明细!A2:S100,11)"。

（13）在 F6 单元格录入公式"=VLOOKUP(B2,固定资产明细!A2:S100,12)"。

（14）在 B7 单元格录入公式"=VLOOKUP(B2,固定资产明细!A2:S100,13)"。

（15）在 D7 单元格录入公式"=VLOOKUP(B2,固定资产明细!A2:S100,14)"。

（16）在 F7 单元格录入公式"=VLOOKUP(B2,固定资产明细!A2:S100,15)"。

（17）在 B8 单元格录入公式"=VLOOKUP(B2,固定资产明细!A2:S100,16)"。

（18）在 D8 单元格录入公式"=VLOOKUP(B2,固定资产明细!A2:S100,17)"。

（19）在 F8 单元格录入公式"=VLOOKUP(B2,固定资产明细!A2:S100,18)"。

设置完成后显示如图 5-19 所示。

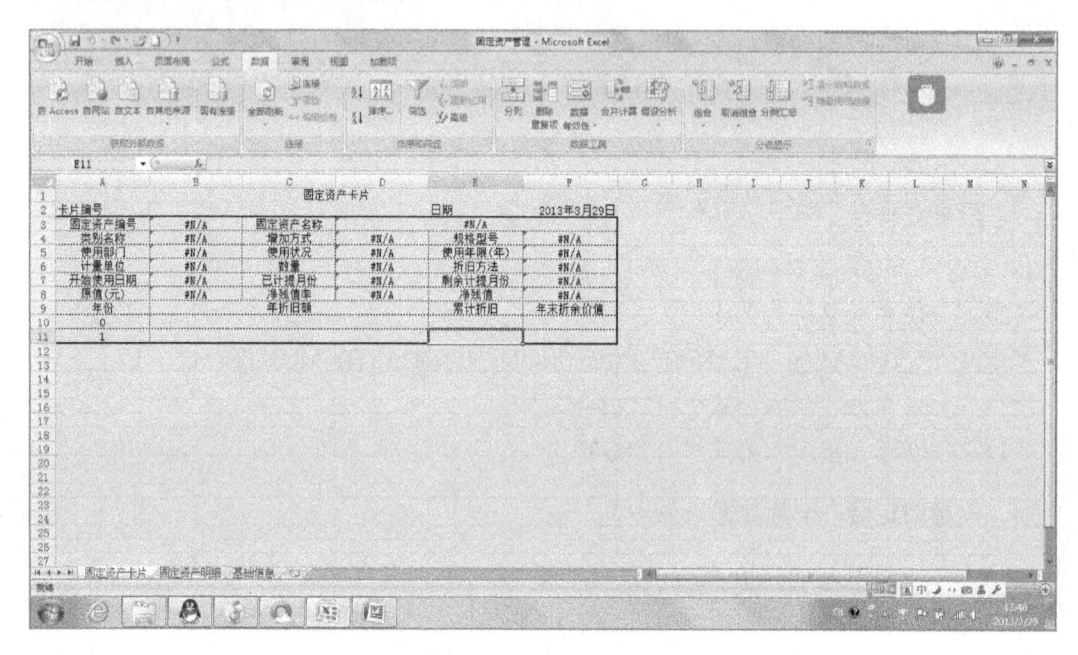

图 5-19 "固定资产卡片"公式设置

小贴士

（1）YEAR 函数：将系列数转换为年。

（2）TODAY 函数：返回系统当前日期。

（3）MONTH 函数：返回一个 Variant (Integer)，其值为 1~12 的整数，表示一年中的某月。

（4）VLOOKUP 函数：Excel 中的一个纵向查找函数，它与 LOOKUP 函数和 HLOOKUP 函数属于一类函数，VLOOKUP 是按列查找，最终返回该列所需查询列序所对应的值；与之对应的 HLOOKUP 是按行查找。

该函数的语法规则如下，各参数说明如图 5-20 所示。

VLOOKUP(lookup_value,table_array,col_index_num,range_lookup)

参数	简单说明	输入数据类型
lookup_value	要查找的值	数值、引用或文本字符串
table_array	要查找的区域	数据表区域
col_index_num	返回数据在区域的第几列数	正整数
range_lookup	模糊匹配	TRUE（或不填）/FALSE

图 5-20　参数说明

（5）IF 函数：执行真假值判断，根据逻辑计算的真假值，返回不同结果。可以使用函数 IF 对数值和公式进行条件检测。

该函数的语法规则如下：

IF(logical_test,value_if_true,value_if_false)

- logical_test 表示计算结果为 TRUE 或 FALSE 的任意值或表达式。
- value_if_true logical_test 为 TRUE 时返回的值。
- value_if_false logical_test 为 FALSE 时返回的值。

（6）#N/A 错误信息：在函数或公式中没有可用的数值。

（7）跨表引用：格式一般表现为"工作表标签!单元格引用"。

任务实施与检查

1. 任务实施

安排 30 分钟学生上机操作。

2. 任务检查

教师巡视检查，解答问题。

3. 任务评价

（1）教师评价：

任务操作及内容	任务评价
一、创建固定资产卡片结构	
二、固定资产卡片内容格式设计	
三、后期整理和保存固定资产卡片	
总　　评：	

（2）学生自评：

任务操作及内容	任务完成情况
一、创建固定资产卡片结构	
二、固定资产卡片内容格式设计	
三、后期整理和保存固定资产卡片	
总　　评：	
问题与解疑：	

任务二　折旧函数的使用

案例导入

固定资产管理工作簿建成后，小张发现小李提供的资产明细资料中计算折旧的方法并不完全相同。为了便于不同折旧方法下固定资产的管理，小张决定按不同的折旧方法各做一个卡片模板，即：

（1）直线法下固定资产卡片的模板；
（2）工作量法下固定资产卡片的模板；
（3）双倍余额递减法下固定资产卡片的模板；
（4）年数总和法下固定资产卡片的模板。

一、直线法的使用

任务驱动

在固定资产管理工作簿建成的基础上，完成以下任务：
（1）复制"固定资产卡片"表页；
（2）设置直线法下计算折旧额的公式；
（3）录入直线法下的固定资产明细，验证工作簿的可靠性。

知识链接

直线法（Straight-Line）即平均年限法，它假定折旧是由于时间的推移而不是使用的关系，认为服务潜力降低的决定因素是随时间推移所造成的陈旧和破坏，而不是使用所造成的有形磨损。因而假定资产的服务潜力在各个会计期间所使用的服务总成本是相同的，而不管其实际使用程度如何。

采用这种方法，固定资产在一定时期内应计提折旧额的大小，主要取决于两个基本因素，即固定资产的原值和预计使用年限。

固定资产报废清理时所取得的净残值的多少对固定资产在一定时期内应计提折旧额的大小也有一定影响，因此采用这种方法计提折旧时，还要考虑固定资产净残值这个因素。

综上所述，平均年限法的固定资产折旧额可用公式表述如下：

- 固定资产年折旧额＝（固定资产原值－预计净残值）÷预计使用年限
- 固定资产月折旧额＝固定资产年折旧额÷12

项目五　固定资产卡片设计及折旧函数的使用

基本步骤

1. 复制"固定资产卡片"表页

复制表页有两种方法：

（1）打开"固定资产管理.xlsx"工作簿，在"固定资产卡片"工作表标签上右击，在弹出的快捷菜单中选择"移动或复制工作表"命令，如图 5-21 所示。

图 5-21　移动或复制工作表

在弹出的"移动或复制工作表"对话框中，选择存放的工作簿和位置，并选择"建立副本"项，最后单击"确定"按钮，如图 5-22 所示。

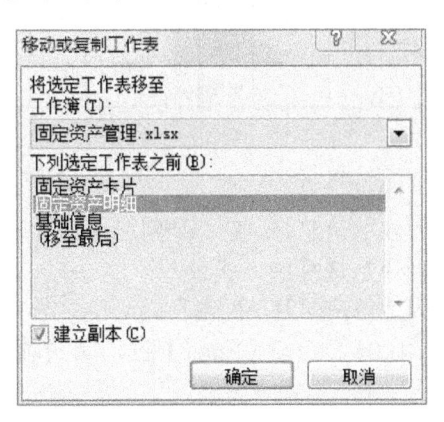

图 5-22　"移动或复制工作表"对话框

（2）选择"固定资产卡片"表页，然后按住【Ctrl】键，同时用鼠标拖曳"固定资产卡片"工作表标签，直接在工作簿内复制一空表，并将其更名为"固定资产卡片P"。

2．设置直线法下计算折旧额的公式

（1）在"固定资产卡片P"中选中B11单元格，录入公式"=SLN($B$8,$F$8, $F$5)"；
（2）选中E11单元格，录入公式"=E10+B11"；
（3）选中F11单元格，录入公式"=F10–B11"。
以上步骤完成后的结果，如图5-23所示。

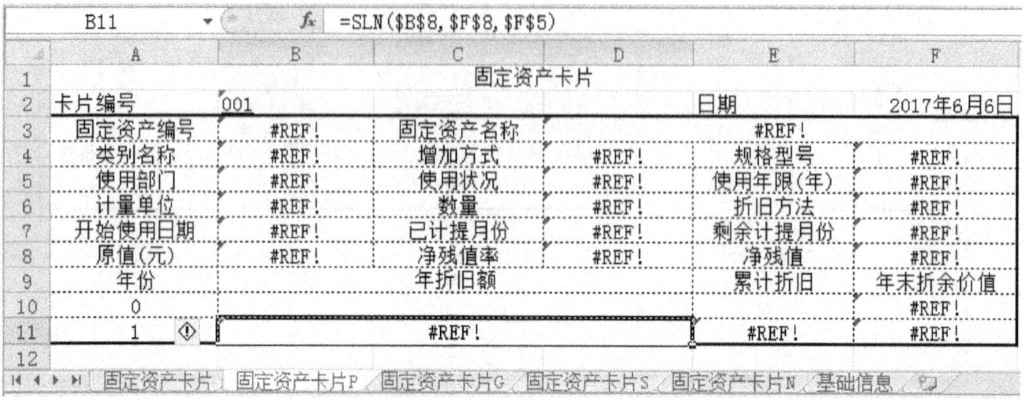

图5-23　定义直线法计算公式

3．录入直线法下的固定资产明细

按照表5-2录入固定资产明细并生成固定资产卡片，以检验工作簿的可靠性。

表5-2　固定资产明细（一）

卡片编号	固定资产编号	固定资产名称	类别名称	增加方式	规格型号	使用部门	使用状况	使用年限	计量单位	数量	折旧方法	开始使用日期	原值	净残值率
001	105001	厂房	房屋建筑	在建工程转入		生产部	正常使用	20	幢	1	平均年限法	2012年5月31日	200000	5%

具体步骤如下：
- 选择"固定资产明细"表页。
- 在相应的位置上录入上表的信息，注意：类别名称、增加方式、使用部门、使用状况、折旧方法用单击下拉列表后选择的方式录入。
- 录入完成后再选择"固定资产卡片P"表页。
- 在B2单元格中录入"001"后按【Enter】键，其余项将自动生成。结果如图5-24所示。

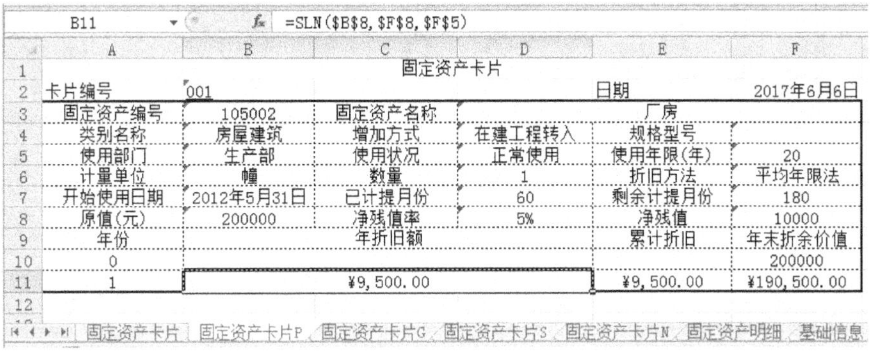

B11　=SLN($B$8,$F$8,$F$5)

	A	B	C	D	E	F
1	固定资产卡片					
2	卡片编号	001			日期	2017年6月6日
3	固定资产编号	105002	固定资产名称	厂房		
4	类别名称	房屋建筑	增加方式	在建工程转入	规格型号	
5	使用部门	生产部	使用状况	正常使用	使用年限(年)	20
6	计量单位	幢	数量	1	折旧方法	平均年限法
7	开始使用日期	2012年5月31日	已计提月份	60	剩余计提月份	180
8	原值(元)	200000	净残值率	5%	净残值	10000
9	年份	年折旧额			累计折旧	年末折余价值
10	0					200000
11	1	¥9,500.00			¥9,500.00	¥190,500.00
12						

固定资产卡片 | 固定资产卡片P | 固定资产卡片G | 固定资产卡片S | 固定资产卡片N | 固定资产明细 | 基础信息

图 5-24　卡片 001 生成效果

小贴士

（1）SLN 函数：返回固定资产的每期线性折旧费。

该函数的语法规则如下：

SLN (cost, salvage, life)

- cost 表示固定资产原值。
- salvage 表示固定资产使用年限终了时的估计残值。
- life 表示固定资产进行折旧计算的周期总数。

（2）相对引用：是基于包含公式和单元格的相对位置的引用。如果公式所在单元格的位置改变，引用也随之改变。如果多行或多列地复制公式，引用会自动调整。默认情况下，新公式使用相对引用。

- 例如，A4=A1*A2，现在拖动 A4 的填充柄将其复制至单元格 B4 时，则其公式已经改为 B4 = B1*B2。

（3）绝对引用：是指总是引用指定位置的单元格。如果公式所在单元格的位置改变，绝对引用保持不变。如果多行或多列地复制公式，绝对引用将不做调整。默认情况下，新公式使用相对引用，需要将它们转换为绝对引用。

- 例如，A4=A1*A2，现在将公式复制到 B4 单元格中，则 Excel 将调整公式中的两个引用。如果不希望这种引用发生改变，须在引用的“行号”和“列号”前加上美元符号“$”，即 A4=$A$1*$A$2，这样就是单元格的绝对引用。再复制 A4 中的公式到任何一个单元格其值都不会改变。

（4）混合引用：是指具有绝对列和相对行、或是绝对行和相对列的引用。如果公式所在单元格的位置改变，则相对引用改变，而绝对引用不变。如果多行或多列地复制公式，相对引用自动调整，而绝对引用不做调整。

- 例如，A4=$A1*A$2，现在拖动 A4 的填充柄将其复制至单元格 B4 时，则其公式已经改为 B4=$A1*B$2；或者拖动 A4 的填充柄，将其复制至单元格 A5 时，则其公式已经改为 A5=$A2*A$2。

（5）相对引用与绝对引用的切换：在 Excel 中输入公式时，使用【F4】键，就能简单地对单元格的相对引用和绝对引用进行切换。

- 例如，A4=A1*A2，选中整个公式，按【A4】键，则该公式变为"=$A$1*$A$2"。
- 第二次按【A4】键，则该公式变为"=A$1*A$2"。
- 第三次按【A4】键，则该公式变为"=$A1*$A2"。
- 第四次按【A4】键，则该公式变回初始状态"A1*A2"。

二、工作量法的使用

任务驱动

（1）复制"固定资产卡片"表页；
（2）设置工作量法下计算折旧额的公式；
（3）录入工作量法下的固定资产明细，验证工作簿的可靠性。

知识链接

工作量法是指按实际工作量计提固定资产折旧额的一种方法。一般是按固定资产所能工作的时数平均计算折旧额。适用于那些在使用期间负担程度差异很大，提供的经济效益很不均衡的固定资产。

工作量法的固定资产折旧额的计算公式如下：

- 单位折旧额＝（固定资产原值－预计净残值）÷总工作量

基本步骤

1. 复制"固定资产卡片"表页

选择"固定资产卡片"表页，然后按住【Ctrl】键，同时按住鼠标并拖曳"固定资产卡片"工作表标签，直接在工作簿内复制一空表，并将其更名为"固定资产卡片 G"。

2. 设置工作量法下计算折旧额的公式

（1）在"固定资产卡片 G"表页中将单元格 E5、C7、E7、A9、B9 中内容分别修改为"总工作量、已完成工作量、剩余工作量、年工作量、单位折旧额"；
（2）选中 F7 单元格，录入公式"=F5–D7"；
（3）选中 B11 单元格，录入公式"=($B$8–$F$8)/$F$5*A11"；
（4）选中 E11 单元格，录入公式"=E10+B11"；
（5）选中 F11 单元格，录入公式"=F10–B11"。

以上步骤完成后的结果，如图 5-25 所示。

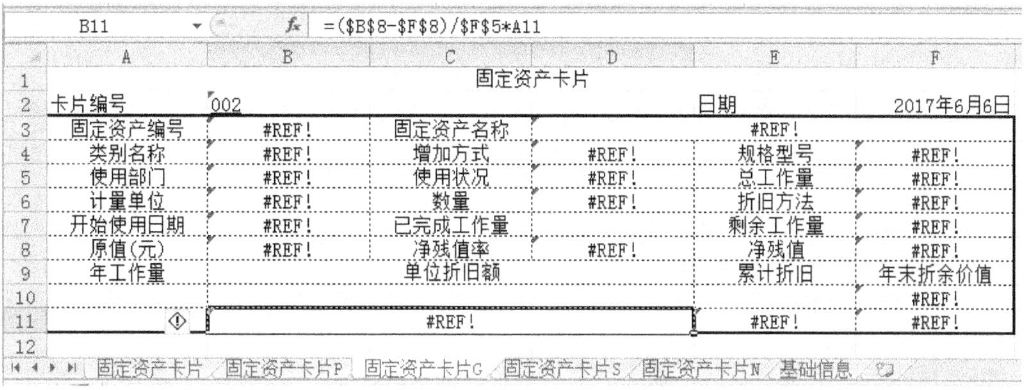

B11　=($B$8-$F$8)/$F$5*A11

	A	B	C	D	E	F
1			固定资产卡片			
2	卡片编号	002			日期	2017年6月6日
3	固定资产编号	#REF!	固定资产名称		#REF!	
4	类别名称	#REF!	增加方式	#REF!	规格型号	#REF!
5	使用部门	#REF!	使用状况	#REF!	总工作量	#REF!
6	计量单位	#REF!	数量	#REF!	折旧方法	#REF!
7	开始使用日期	#REF!	已完成工作量		剩余工作量	#REF!
8	原值(元)	#REF!	净残值率	#REF!	净残值	#REF!
9	年工作量		单位折旧额		累计折旧	年末折余价值
10						#REF!
11			#REF!		#REF!	#REF!
12						

固定资产卡片　固定资产卡片P　固定资产卡片G　固定资产卡片S　固定资产卡片N　基础信息

图 5-25　定义工作量法计算公式

3. 录入工作量法下的固定资产明细

按照表 5-3 录入固定资产明细并生成固定资产卡片，以检验工作簿的可靠性。

表 5-3　固定资产明细（二）

卡片编号	固定资产编号	固定资产名称	类别名称	增加方式	规格型号	使用部门	使用状况	总工作量	计量单位	数量	折旧方法	开始使用日期	原值	净残值率
002	304002	一体机	办公设备	直接购入	SX6062FR	销售部	正常使用	60000	台	1	工作量法	2013 年 1 月 31 日	10000	5%

（1）选择“固定资产明细”表页，在相应的位置上录入上表的信息，注意：类别名称、增加方式、使用部门、使用状况、折旧方法用点开下拉列表选择的方式录入；已计提月份、剩余计提月份、净残值用快速填充的方式录入。

（2）录入完成后再选择“固定资产卡片 G”表页。

（3）在 B2 单元格中录入“002”后按【Enter】键，其余项将自动生成。结果如图 5-26 所示。

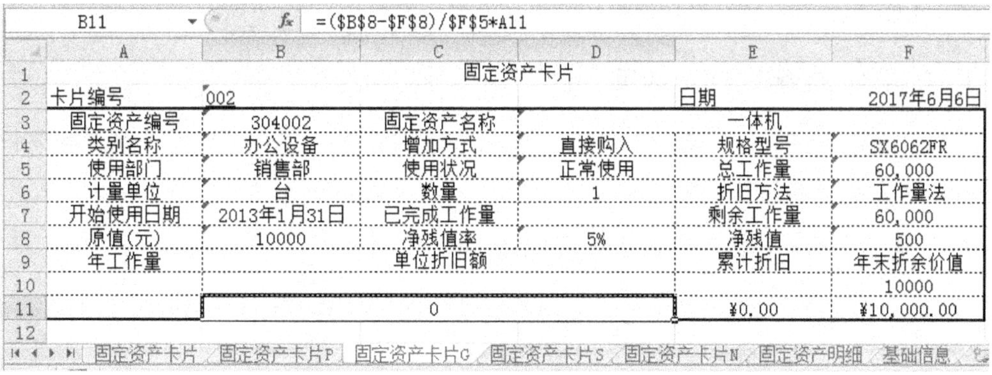

B11　=($B$8-$F$8)/$F$5*A11

	A	B	C	D	E	F
1			固定资产卡片			
2	卡片编号	002			日期	2017年6月6日
3	固定资产编号	304002	固定资产名称		一体机	
4	类别名称	办公设备	增加方式	直接购入	规格型号	SX6062FR
5	使用部门	销售部	使用状况	正常使用	总工作量	60,000
6	计量单位	台	数量	1	折旧方法	工作量法
7	开始使用日期	2013年1月31日	已完成工作量		剩余工作量	60,000
8	原值(元)	10000	净残值率	5%	净残值	500
9	年工作量		单位折旧额		累计折旧	年末折余价值
10						10000
11			0		¥0.00	¥10,000.00
12						

固定资产卡片　固定资产卡片P　固定资产卡片G　固定资产卡片S　固定资产卡片N　固定资产明细　基础信息

图 5-26　卡片 002 生成效果

小贴士

（1）录入固定资产明细，除了直接录入外，还可以利用"记录单"录入。

（2）"记录单"按钮需要从 Excel 选项的"自定义"中进行设置，选择"全部命令"或"不在功能区中的命令"项，找到"记录单"命令，单击"添加"按钮，再单击"确定"按钮完成设置，"记录单"按钮就在功能区显示出来。

三、双倍余额递减法的使用

任务驱动

（1）复制"固定资产卡片"表页；
（2）设置双倍余额递减法下计算折旧额的公式；
（3）录入双倍余额递减法下的固定资产明细，验证工作簿的可靠性。

知识链接

双倍余额递减法（Double Declining Balance method，DDB）：在不考虑固定资产残值的情况下，用直线法折旧率的两倍作为固定的折旧率乘以逐年递减的固定资产期初净值，得出各年应提折旧额。双倍余额递减法是加速折旧法的一种，是假设固定资产的服务潜力在前期消耗较大，在后期消耗较少。因此，在使用该方法时前期多提折旧，后期少提折旧，从而相对加速折旧。

- 固定资产年折旧率＝2÷预计的折旧年限×100%
- 固定资产年折旧额＝固定资产期初账面折余价值×年折旧率
- 固定资产月折旧额＝固定资产年折旧额÷12
- 固定资产期初账面折余价值＝固定资产原值－累计折旧

实行双倍余额递减法计提的固定资产，应当在固定资产折旧年限到期前若干年内（当采用直线法的折旧额大于等于双倍余额递减法的折旧额时），将固定资产账面折余价值扣除预计净残值后的余额平均摊销。

基本步骤

1. 复制"固定资产卡片"表页

选择"固定资产卡片"表页，然后按住【Ctrl】键，同时用鼠标拖曳"固定资产卡片"工作表标签，直接在工作簿内复制一空表，并将其更名为"固定资产卡片 S"。

2. 设置双倍余额递减法下计算折旧额的公式

（1）在"固定资产卡片 S"中选中 B11 单元格，录入公式"=DDB($B$8,$F$8,$F$5,A11)"；
（2）选中 E11 单元格，录入公式"=E10+B11"；
（3）选中 F11 单元格，录入公式"=F10-B11"。

以上步骤完成后的结果，如图 5-27 所示。

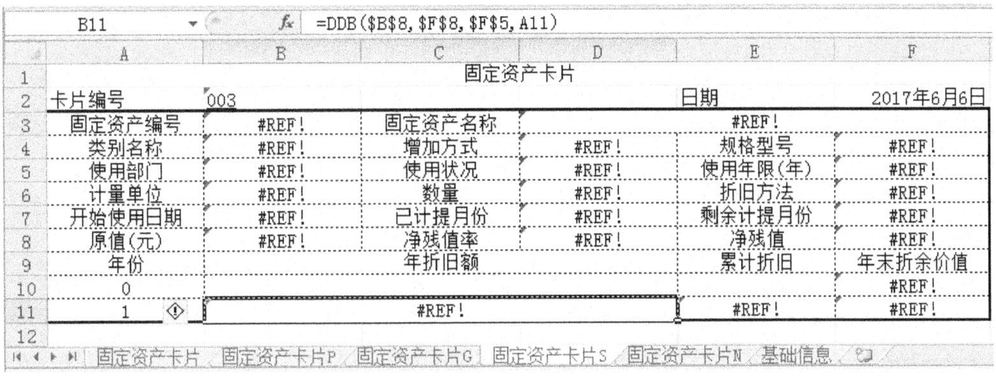

项目五　固定资产卡片设计及折旧函数的使用

图 5-27　定义双倍余额递减法计算公式

3．录入双倍余额递减法下的固定资产明细

按照表 5-4 录入固定资产明细并生成固定资产卡片，以检验工作簿的可靠性。

表 5-4　固定资产明细（三）

卡片编号	固定资产编号	固定资产名称	类别名称	增加方式	规格型号	使用部门	使用状况	使用年限	计量单位	数量	折旧方法	开始使用日期	原值	净残值率
003	401003	小轿车	运输设备	直接购入	GB7220R	企管部	正常使用	8	台	1	双倍余额递减法	2012年11月1日	85000	5%

（1）选择"固定资产明细"表页，在相应的位置上录入表 5-4 的信息，注意：类别名称、增加方式、使用部门、使用状况、折旧方法用点开下拉列表选择的方式录入；已计提月份、剩余计提月份、净残值用快速填充的方式录入。

（2）录入完成后再选择"固定资产卡片 S"表页。

（3）在 B2 单元格中录入"003"后按【Enter】键，其余项将自动生成。结果如图 5-28 所示。

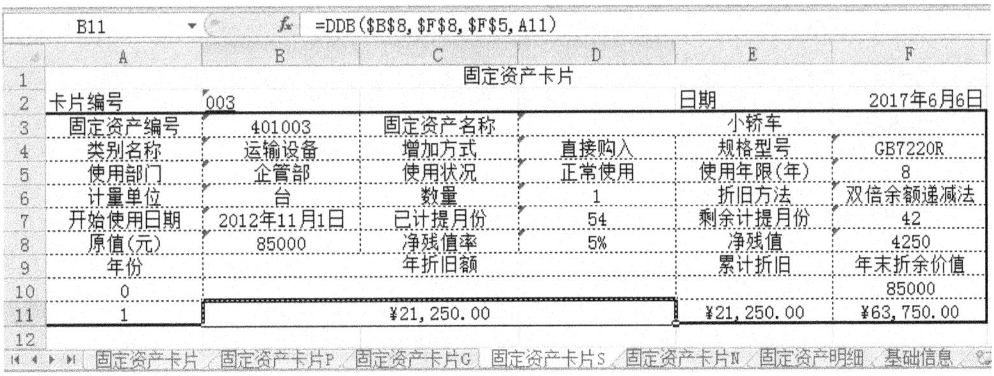

图 5-28　卡片 003 生成效果

小贴士

DDB 函数

该函数使用双倍余额递减法或其他指定方法，计算一笔资产在给定期间内的折旧值。该函数的语法规则如下：

DDB(cost, salvage, life, period, factor)

- cost 表示固定资产原值。
- salvage 表示固定资产使用年限终了时的估计残值。
- life 表示固定资产进行折旧计算的周期总数。
- period 表示进行折旧计算的期次，它必须与前者使用相同的单位。
- factor 表示余额递减速率，若省略，则采用默认值 2（双倍余额递减）。

四、年数总和法的使用

任务驱动

（1）复制"固定资产卡片"表页；
（2）设置年数总和法下计算折旧额的公式；
（3）录入年数总和法下的固定资产明细，验证工作簿的可靠性。

知识链接

年数总和法

又称折旧年限积数法、年数比率法、级数递减法或年限合计法，是固定资产加速折旧法的一种。它是将固定资产的原值减去残值后的净额乘以一个逐年递减的分数计算确定固定资产折旧额的一种方法。

逐年递减分数的分子代表固定资产尚可使用的年数；分母代表使用年数的逐年数字之总和，假定使用年限为 n 年，分母即为 $1+2+3+\cdots+n=n（n+1）÷2$，相关计算公式如下：

- 固定资产年折旧率＝尚可使用年数÷年数总和×100%
- 固定资产年折旧额＝（固定资产原值－预计净残值）×年折旧率
- 固定资产月折旧额＝固定资产年折旧额÷12

基本步骤

1. 复制"固定资产卡片"表页

具体操作步骤如下：

选择"固定资产卡片"表页，然后按住【Ctrl】键，同时用鼠标拖曳"固定资产卡片"工作表标签，直接在工作簿内复制一空表，并将其更名为"固定资产卡片 N"。

2. 设置年数总和法下计算折旧额的公式

（1）在"固定资产卡片 N"中选中 B11 单元格，录入公式"=SYD($B$8,$F$8,$F$5,A11)"；

（2）选中 E11 单元格，录入公式"=E10+B11"；
（3）选中 F11 单元格，录入公式"=F10–B11"。

以上步骤完成后的结果，如图 5-29 所示。

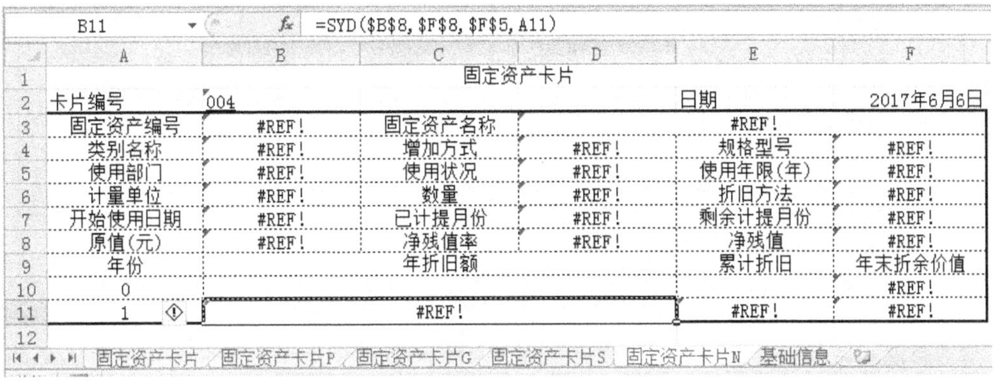

图 5-29 定义年数总和法计算公式

3．录入年数总和法下的固定资产明细

按照表 5-5 录入固定资产明细并生成固定资产卡片，以检验工作簿的可靠性。

表 5-5 固定资产明细（四）

卡片编号	固定资产编号	固定资产名称	类别名称	增加方式	规格型号	使用部门	使用状况	使用年限	计量单位	数量	折旧方法	开始使用日期	原值	净残值率
004	205004	车床	机器设备	直接购入	CJK6150B	生产部	正常使用	10	台	1	年数总和法	2012 年 12 月 17 日	163100	5%

（1）选择"固定资产明细"表页，在相应的位置上录入表 5-5 的信息，注意：类别名称、增加方式、使用部门、使用状况、折旧方法用点开下拉列表选择的方式录入；已计提月份、剩余计提月份、净残值用快速填充的方式录入。

（2）录入完成后再选择"固定资产卡片 N"表页。

（3）在 B2 单元格中录入"004"后按【Enter】键，其余项将自动生成。结果如图 5-30 所示。

◎ 小贴士

SYD 函数

该函数指定某项资产在一指定期间用年数总计法计算的折旧。

该函数的语法规则如下：

SYD(cost, salvage, life, period)

- cost 表示固定资产原值。
- salvage 表示固定资产使用年限终了时的估计残值。
- life 表示固定资产进行折旧计算的周期总数。

- period 表示进行折旧计算的期次，它必须与前者使用相同的单位。

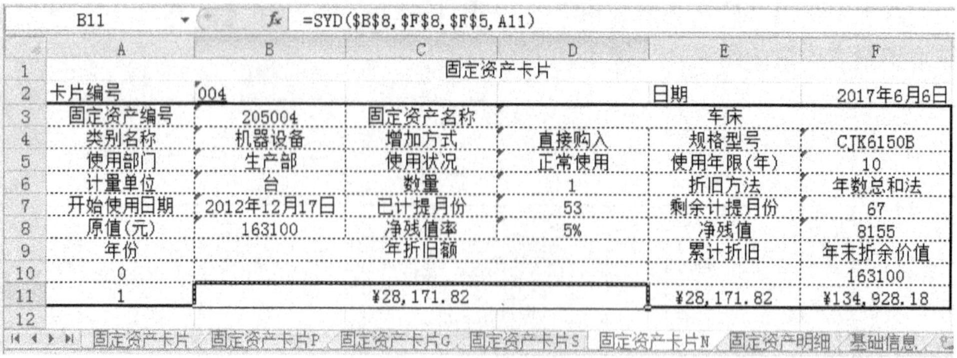

B11 =SYD($B$8,$F$8,$F$5,A11)

	A	B	C	D	E	F
1			固定资产卡片			
2	卡片编号	004			日期	2017年6月6日
3	固定资产编号	205004	固定资产名称		车床	
4	类别名称	机器设备	增加方式	直接购入	规格型号	CJK6150B
5	使用部门	生产部	使用状况	正常使用	使用年限(年)	10
6	计量单位	台	数量	1	折旧方法	年数总和法
7	开始使用日期	2012年12月17日	已计提月份	53	剩余计提月份	67
8	原值(元)	163100	净残值率	5%	净残值	8155
9	年份		年折旧额		累计折旧	年末折余价值
10	0					163100
11	1		¥28,171.82		¥28,171.82	¥134,928.18
12						

图 5-30　卡片 004 生成效果

任务实施与检查

1．任务实施

安排 80 分钟学生上机操作。

2．任务检查

教师巡视检查，解答问题。

3．任务评价

（1）教师评价：

任务操作及内容	任 务 评 价
一、直线法的使用	
二、工作量法的使用	
三、双倍余额递减法的使用	
四、年数总和法的使用	
总　评：	

（2）学生自评：

任务操作及内容	任务完成情况
一、直线法的使用	
二、工作量法的使用	
三、双倍余额递减法的使用	
四、年数总和法的使用	
总　评：	
问题与解疑：	

边学边练

1. 新建一个固定资产卡片（表格格式及内容如图 5-31 所示）

	A	B	C	D	E	F
1			固定资产卡片			
2	卡片编号				日期	2017年4月29日
3	固定资产编号	#N/A	固定资产名称		#N/A	
4	类别名称	#N/A	增加方式	#N/A	规格型号	#N/A
5	使用部门	#N/A	使用状况	#N/A	使用年限(年)	#N/A
6	计量单位	#N/A	数量	#N/A	折旧方法	#N/A
7	开始使用日期	#N/A	已计提月份	#N/A	剩余计提月份	#N/A
8	原值(元)	#N/A	净残值率	#N/A	净残值	#N/A
9	年份		年折旧额		累计折旧	年末折余价值
10	0					
11	1					

图 5-31　固定资产卡片格式内容

要求：

（1）将“Sheet1”表页改名为“固定资产卡片”。

（2）将“Sheet2”表页改名为“固定资产明细”，并建立“固定资产卡片”与“固定资产明细”之间的关联。固定资产明细表如图 5-32、图 5-33 所示。将“Sheet3”表页改名为“基础信息”，基础信息如图 5-34 所示。

	A	B	C	D	E	F	G	H	I	J
1	卡片编号	固定资产编号	固定资产名称	类别名称	增加方式	规格型号	使用部门	使用状况	使用年限	计量单位
2	001	105002	厂房	房屋建筑	在建工程转入		生产部	正常使用	20	幢
3	002	304002	一体机	办公设备	直接购入	SX6062FR	销售部	正常使用	5	台
4	003	401003	小轿车	运输设备	直接购入	GB7220R	企管部	正常使用	8	台
5	004	205004	车床	机器设备	直接购入	CJK6150B	生产部	正常使用	10	台

图 5-32　固定资产明细表（1）

J	K	L	M	N	O	P	Q	R	S
计量单位	数量	折旧方法	开始使用日期	已计提月份	剩余计提月份	原值	净残值率	净残值	总工作量
幢	1	平均年限法	2012年5月31日	58	182	200000	5%	10000	
台	1	工作量法	2013年1月31日	50	10	10000	5%	500	60000
台	1	双倍余额递减法	2012年11月1日	52	44	85000	5%	4250	
台	1	年数总和法	2012年12月17日	51	69	163100	5%	8155	

图 5-33　固定资产明细表（2）

	A	B	C	D	E
1	类别名称	使用部门	增加方式	使用状况	折旧方法
2	房屋建筑	企管部	直接购入	正常使用	平均年限法
3	机器设备	财务部	投资者投入	季节性停用	工作量法
4	办公设备	供应部	捐赠	经营性出租	年数总和法
5	运输设备	销售部	盘盈	大修理停用	双倍余额递减法
6		生产部	在建工程转入	未使用	
7		仓储部	融资租入	不需用	

图 5-34　基础信息表

2．按上述固定资产明细的内容增加 4 张固定资产卡片，将各种折旧公式分别用四则运算公式替换。

要求：
（1）练习平均年限法折旧公式。
（2）练习工作量法折旧公式。
（3）练习双倍余额递减法折旧公式。
（4）练习年数总和法折旧公式。

固定资产管理

项目六

财务会计报表设计

学习目标

- ❖ 学会设计编制利润表、资产负债表以及各种自定义报表。
- ❖ 熟练运用工具定义报表计算公式。
- ❖ 掌握手动输入财务数据和自动填充财务数据。

任务目标

- ❖ 利润表的设计。
- ❖ 资产负债表的设计。

任务一 利润表的设计

案例导入

2017年3月，宏达公司准备召开月度工作会议，公司董事长打电话要求财务部门提供本月的利润表，并通过电子邮件发给经理及其他董事会成员。财务部门主管决定让会计小张来完成这份工作。由于财务部门使用的是手工做账，平时采用纸质报表，于是小张决定用电子表格编制一份利润表。为了办好此项任务，小张需要做好两项工作：

（1）利用Excel电子表格制作一份利润表；
（2）从财务主管处取得有关3月利润表的相关数据，输入到表格中。
然后完成电子邮件的发送。

一、设计利润表格式

任务驱动

（1）新建一份电子表格；
（2）按照利润表格式设计电子表格；
（3）整理保存利润表电子表格。

知识链接

利润表是反映企业一定会计期间（月度、年度）经营成果的财务报表，又称损益表，是一张反映收入、费用、利润3个会计要素的动态报表。利润表是根据"收入－费用=利润"的会计等式为理论依据编制的。

利润表通常是由表头和正表两部分组成。表头部分主要说明报表的名称、编制单位的名称、所属时期和金额单位。正表部分作为利润表的主要内容，主要是按会计核算的要求和顺序，综合反映企业净利润的计算过程。

利润表的格式通常有单步式和多步式两种格式，我国企业利润表常用的基本是多步式结构。利润表主要包括以下几个方面的内容：

- 营业收入：由主营业务收入和其他业务收入组成。
- 营业利润：营业收入减去营业成本（包括主营业务成本和其他业务成本）、营业税金及附加、销售费用、管理费用、财务费用，加上投资净收益，即为营业利润。
- 利润总额：营业利润加上营业外收入，减去营业外支出，即为利润总额。
- 净利润：利润总额减去所得税费用，即为净利润。

基本步骤

1. 新建一份电子表格

新建Excel工作表，常用的有两种方法：

方法一：选择"开始"｜"所有程序"｜"Microsoft Office"｜"Microsoft Excel 2010"命令，

打开一个工作表，如图 6-1 所示。

方法二：在桌面空白处右击，选择"新建"|"Microsoft Excel 工作表"命令，打开一个工作表，如图 6-2 所示。

图 6-1　新建 Excel 工作表之一　　　　图 6-2　新建 Excel 工作表之二

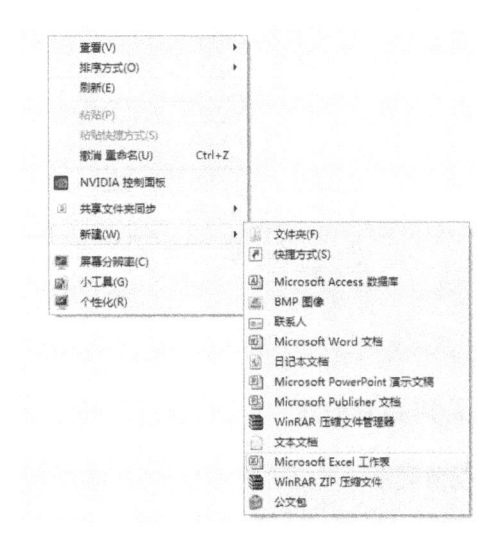

2．按照利润表格式设计电子表格

（1）设计表头表尾部分。

表头部分可以设计为 3 行 3 列。第 1 行合并单元格，利润表名称为宋体 20 号字、居中；第 2 行"会企 02 表"，宋体 11 号字，右侧对齐；第 3 行宋体 11 号字，"编制单位：宏达公司"左侧对齐，"单位：元"右侧对齐；表尾部分，第 18 行分别输入"单位负责人"、"会计主管"和"制表人"。如图 6-3 所示。

（2）设计正文部分。

在 A4 单元格中输入"项目"，在 B4 单元格中输入"本期数"，在 C4 单元格中输入"本年累计数"，设置为居中。第 5～17 行输入内容参见图 6-3，按利润计算过程顺序录入，左对齐。

选中 A4:C17 区域，即表体部分，设计表格边框，同时对字体大小和工作表行列进行修改。

3．整理保存利润表电子表格

利润表内容格式设计完成后，可按快捷键【Ctrl+S】保存。通常应建立一个文件夹，将文件保存到指定文件夹里。注意："另存为"命令在左上角"文件"菜单里。

操作提示
利润表格式

💡 小贴士

利润表格式参照新会计准则的统一格式，有些企业按行业会计制度或按地方税局的规定，格式可能有些区别。

	利润表		
			会企02表
编制单位：宏达公司	2017年3月		单位：元
项目		本期数	本年累计数
一、营业收入			
减：营业成本			
营业税金及附加			
销售费用			
管理费用			
财务费用			
加：投资净收益			
二、营业利润			
加：营业外收入			
减：营业外支出			
三、利润总额			
减：所得税费用			
四、净利润			
单位负责人：	会计主管：		制表人：

图 6-3　利润表

二、定义利润表公式

任务驱动

（1）定义利润表本期数公式；
（2）定义利润表本年累计数公式。

知识链接

利润表公式主要包括以下几个方面的内容：

（1）营业利润=营业收入-营业成本-营业税金及附加-销售费用-管理费用-财务费用+投资净收益

（2）利润总额=营业利润+营业外收入-营业外支出

（3）净利润=利润总额-所得税费用

基本步骤

1．定义利润表本期数公式

（1）定义营业利润公式。

打开已设计好格式的利润表，单击"公式"菜单项，选中 B12 单元格，在 f_x 编辑栏内直接输入计算公式"=B5-B6-B7-B8-B9-B10+B11"，单击"√"按钮确认，如图 6-4 所示。

（2）定义利润总额公式。

如上所述，单击"公式"菜单项，选中 B15 单元格，在 f_x 编辑栏内直接输入计算公式"=B12+B13-B14"，单击"√"按钮确认，如图 6-5 所示。

（3）定义净利润公式。

如上所述，单击"公式"菜单项，选中 B17 单元格，在 f_x 编辑栏内直接输入计算公式"=B15-B16"，单击"√"按钮确认，如图 6-6 所示。

项目六　财务会计报表设计

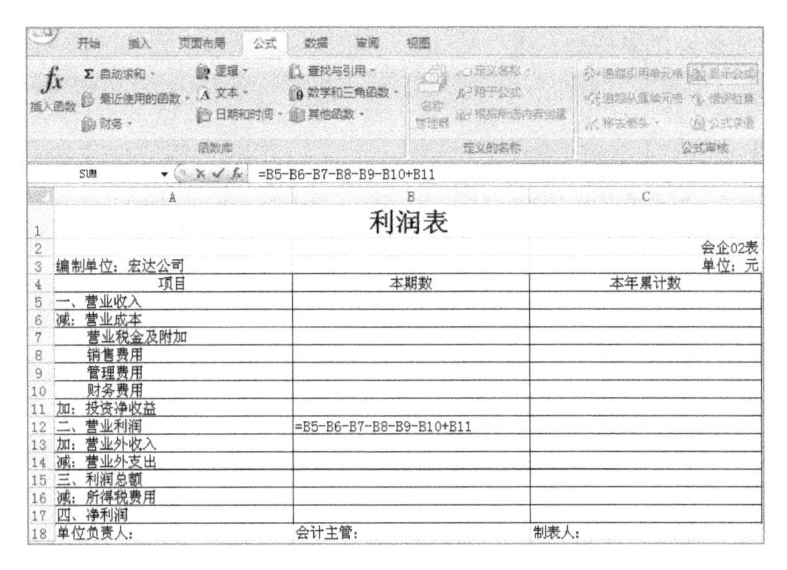

图 6-4　输入公式 1

图 6-5　输入公式 2

图 6-6　输入公式 3

2. 定义利润表本年累计数公式

定义本年累计数公式方法与本期数相同，分别选中 C12、C15 和 C17 单元格，进行公式编辑。具体如下：

C12=C5–C6–C7–C8–C9–C10+C11

C15=C12+C13–C14

C17=C15–C16

三、输入利润表数据

任务驱动

（1）输入利润表数据；
（2）保存利润表。

基本步骤

1. 输入利润表数据

按照公司报表数据分别输入，其中定义公式的单元格数据自动计算生成。最终报表结果如图 6-7 所示。

项目	本期数	本年累计数
一、营业收入	1301000	18040000
减：营业成本	745000	15080000
营业税金及附加	85000	205000
销售费用	140000	378000
管理费用	101000	423000
财务费用	75000	83000
加：投资净收益	30000	132000
二、营业利润	185000	2003000
加：营业外收入	35000	70000
减：营业外支出	38000	73000
三、利润总额	182000	2000000
减：所得税费用	45500	500000
四、净利润	136500	1500000

编制单位：宏达公司　　2017年3月　　会企02表　单位：元

图 6-7　生成报表

2. 保存利润表

利润表制作完成后，将利润表另存为 Excel 工作簿，如图 6-8 所示。

图 6-8 保存利润表

系统会自动弹出"另存为"对话框,将报表保存在指定文件夹里,如图 6-9 所示。

图 6-9 "另存为"对话框

任务实施与检查

1. 任务实施

安排 30 分钟学生上机操作。

2. 任务检查

教师巡视检查,解答学生问题。

3．任务评价

（1）教师评价：

任务操作及内容	任 务 评 价
一、设计利润表格式	
二、定义利润表公式	
三、输入利润表数据	
总　　评：	

（2）学生自评：

任务操作及内容	任务完成情况
一、设计利润表格式	
二、定义利润表公式	
三、输入利润表数据	
总　　评：	
问题与解疑：	

任务二　资产负债表的设计

案例导入

2017年3月，宏达公司资产负债表见图6-10，根据公司需要，要求用电子表格编制一份资产负债表。

一、设计资产负债表格式

任务驱动

（1）新建一份电子表格；
（2）按照资产负债表格式设计电子表格，如图6-10所示；
（3）整理保存资产负债表电子表格。

知识链接

资产负债表是反映企业在某一特定日期（月末、季末、半年末、年末）的财务状况的财务报表，是一张反映资产、负债、所有者权益3个会计要素的静态报表。资产负债表是根据"资产=负债+所有者权益"的会计等式为理论依据编制的。

资产负债表通常是由表头和正表两部分组成。表头部分主要说明报表的名称、编制单位的名称、所属时期和金额单位。正表部分作为资产负债表的基本内容，主要是按照规定的标准和顺序，综合反映企业某一特定日期的资产、负债和所有者权益各要素的期初数和期末数。

资产负债表

单位名称：宏达公司　　　　　　2017年3月31日　　　　　　　　　　　　　　　　　　　会企01表
单位：元

资　产	期末余额	年初余额	负债及所有者权益（或股东权益）	期末余额	年初余额
流动资产：			流动负债：		
货币资金			短期借款		
交易性金融资产			交易性金融负债		
应收票据			应付票据		
应收账款			应付账款		
预付款项			预收款项		
应收利息			应付职工薪酬		
应收股利			应交税费		
其他应收款			应付利息		
存货			应付股利		
一年内到期的非流动资产			其他应付款		
其他流动资产			一年内到期的非流动负债		
流动资产合计	.00		其他流动负债		
非流动资产：			流动负债合计		
可供出售金融资产			非流动负债：		
持有至到期投资			长期借款		
长期应收款			应付债券		
长期股权投资			长期应付款		
投资性房地产			专项应付款		
固定资产			预计负债		
在建工程			递延所得税负债		
工程物资			其他非流动负债		
固定资产清理			非流动负债合计		
生产性生物资产			负债合计		
油气资产			所有者权益（或股东权益）：		
无形资产			实收资本（或股本）		
开发支出			资本公积		
商誉			减：库存股		
长期待摊费用			盈余公积		
递延所得税资产			未分配利润		
其他非流动资产			所有者权益（或股东权益）合计		
非流动资产合计	.00				
资产总计	.00		负债和所有者权益（或股东权益）总计		

单位负责人：　　　　　　会计主管：　　　　　　制表人：

图 6-10　资产负债表

资产负债表的格式通常有报告式和账户式两种格式，我国企业资产负债表常用的基本是账户式结构。资产负债表主要包括以下几个方面的内容：

（1）报表左方依次列示各项资产项目的数额，反映全部资产的分布及存在形态，按照流动性的强弱排序，先排列流动资产项目，后排列非流动资产项目。

（2）报表右方依次列示各项负债项目的数额和各项所有者权益项目的数额，反映全部负债和所有者权益的内容及构成情况，其中负债项目按照其偿还期限的长短排序，先排列流动负债项目，再排列非流动负债项目；所有者权益项目按照其永久性递减的顺序排列，先排列实收资本项目，再排列资本公积项目、盈余公积项目和未分配利润项目。

基本步骤

1. 新建一份电子表格

新建 Excel 工作表，常用的有两种方法：

方法一：选择"开始"|"所有程序"|"Microsoft Office"|"Microsoft Excel 2010"命令，打开一个工作表。

方法二：在桌面空白处右击，在快捷菜单中选中"新建"|"Microsoft Excel 工作表"命令，打开一个工作表。

2. 按照资产负债表格式设计电子表格

（1）设计表头表尾部分。

表头部分设计为 3 行 6 列：第 1 行合并单元格，资产负债表名称为宋体 20 号字，居中；第 2 行"会企 01 表"，宋体 11 号字，右侧对齐；第 3 行宋体 11 号字，"单位名称：宏达公司"左侧对齐，"年月日"居中，"单位：元"右侧对齐，如图 6-11 所示。表尾部分，第 38 行分别输入"单位负责人"、"会计主管"和"制表人"。

	A	B	C	D	E	F
1			资产负债表			
2						会企01表
3	单位名称：宏达公司		2017年3月31日			单位：元
4	资产	期末余额	年初余额	负债及所有者权益（或股东权益）	期末余额	年初余额
5	流动资产：			流动负债：		
6	货币资金			短期借款		
7	交易性金融资产			交易性金融负债		
8	应收票据			应付票据		
9	应收账款			应付账款		
10	预付款项			预收款项		
11	应收利息			应付职工薪酬		
12	应收股利			应交税费		
13	其他应收款			应付利息		
14	存货			应付股利		

图 6-11　设计表头表尾部分

（2）设计正文部分。

A4 输入"资产"，B4 输入"期末余额"，C4 输入"年初余额"，D4 输入"负债及所有者权益（或股东权益）"，E4 输入"期末余额"，F4 输入"年初余额"，居中。第 5~37 行参照图 6-11，按各项目排序顺序录入，左对齐。

选中 A4:F37 区域，即正表部分，设计表格边框，同时可对字体大小和工作表行列进行设计修改。

3. 整理保存资产负债表电子表格

资产负债表内容格式设计完成后，要注意保存，可按快捷键【Ctrl+S】进行保存。通常应建立一个文件夹，将文件保存到指定文件夹中。注意：文件"另存为"在左上角"文件"菜单里。如图 6-12 所示。

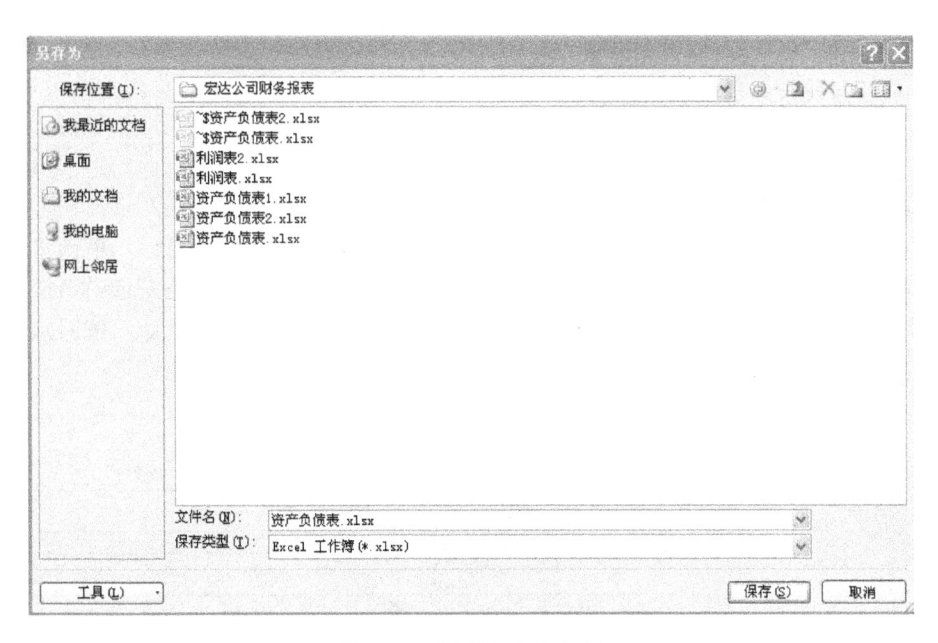

图 6-12 保存资产负债表

二、定义资产负债表公式

任务驱动

（1）定义资产负债表期末余额公式；
（2）定义资产负债表年初余额公式。

知识链接

资产负债表公式主要包括以下几个方面的内容：

（1）流动资产合计=货币资金+交易性金融资产+应收票据+应收账款+预付账款+应收利息+应收股利+其他应收款+存货+一年内到期的非流动资产+其他流动资产

（2）非流动资产合计=可供出售金融资产+持有至到期投资+长期应收款+长期股权投资+投资性房地产+固定资产+在建工程+固定资产清理+生产性生物资产+油气资产+无形资产+开发支出+商誉+长期待摊费用+递延所得税资产+其他非流动性资产

（3）资产总计=流动资产合计+非流动资产合计

（4）流动负债合计=短期借款+交易性金融负债+应付票据+应付账款+预收款项+应付职工薪酬+应交税费+应付利息+应付股利+其他应付款+一年内到期的非流动负债+其他流动负债

（5）非流动负债合计=长期借款+应付债券+长期应付款+专项应付款+预计负债+递延所得税负债+其他非流动负债

（6）负债合计=流动负债合计+非流动负债合计

（7）所有者权益（或股东权益）合计=实收资本+资本公积+盈余公积+未分配利润

（8）负债和所有者权益（或股东权益）总计=负债合计+所有者权益（或股东权益）合计

基本步骤

1. 定义资产负债表期末余额公式

（1）定义流动资产合计公式。

打开已设计好格式的资产负债表，选择"公式"菜单，选中 B17 单元格，在 f_x 编辑栏内直接输入计算公式"=B6+B7+B8+B9+B10+B11+B12+B13+B14+B15+B16"，单击"√"按钮确认输入。或者利用自动求和公式"=SUM(B6:B16)"。更快捷的方式是先选中 B17 单元格，单击公式中的"自动求和"按钮，鼠标拖动选中 B6:B16 区域，单击"√"按钮确认输入。如图 6-13 所示。

图 6-13　定义流动资产合计公式

（2）定义非流动资产合计公式。

如上所述，在"公式"菜单界面，选中 B36 单元格，在 f_x 编辑栏内直接输入计算公式"=SUM(B19:B35)"，单击"√"按钮确认输入。或者选中 B36 单元格，单击"自动求和"按钮，鼠标拖动选中 B19:B35 区域，单击"√"按钮确认输入。如图 6-14 所示。

图 6-14　定义非流动资产合计公式

（3）定义资产总计公式。

如上所述，在“公式”菜单界面中，选中 B37 单元格，在 f_x 编辑栏内直接输入计算公式“=B17+B36”，单击“ √ ”按钮确认输入。如图 6-15 所示。

SUM　=B17+B36

	A	B	C	D	E	F
17	流动资产合计	.00		其他流动负债		
18	非流动资产：			流动负债合计		
19	可供出售金融资产			非流动负债：		
20	持有至到期投资			长期借款		
21	长期应收款			应付债券		
22	长期股权投资			长期应付款		
23	投资性房地产			专项应付款		
24	固定资产			预计负债		
25	在建工程			递延所得税负债		
26	工程物资			其他非流动负债		
27	固定资产清理			非流动负债合计		
28	生产性生物资产			负债合计		
29	油气资产			所有者权益（或股东权益）：		
30	无形资产			实收资本（或股本）		
31	开发支出			资本公积		
32	商誉			减：库存股		
33	长期待摊费用			盈余公积		
34	递延所得税资产			未分配利润		
35	其他非流动资产			所有者权益（或股东权益）合计		
36	非流动资产合计	.00				
37	资产总计	=B17+B36		负债和所有者权益（或股东权益）总计		

图 6-15　定义资产总计公式

右侧的流动负债合计、非流动负债合计、负债合计、所有者权益（或股东权益）合计、负债和所有者权益（或股东权益）总计设置公式方法与上述相同。

2．定义资产负债表年初余额公式

定义年初余额公式的方法与期末余额相同，分别选中 C17、C36、C37、F18、F27、F28、F35 和 F37 单元格，进行公式编辑。具体对应公式如下：

C17 =SUM(C6:C16)

C36=SUM(C19:C35)

C37=C17+C36

F18= SUM(F6:F17)

F27= SUM(F20:F26)

F28=F18+F27

F35=F30+F31+F33+F34

F37=F28+F35

三、输入资产负债表数据

任务驱动

（1）输入资产负债表数据；

（2）保存资产负债表。

基本步骤

1. 输入资产负债表数据

按照公司报表数据分别输入相关数据，其中定义公式的单元格数据自动计算生成。最终报表结果如图 6-16 所示。

资产负债表

单位名称：宏达公司		2017年 3月31日			会企01表 单位：元	
资 产	期末余额	年初余额	负债及所有者权益（或股东权益）		期末余额	年初余额
流动资产：			流动负债：			
货币资金	483800.00	515100.00	短期借款		300000.00	300000.00
交易性金融资产			交易性金融负债			
应收票据			应付票据			
应收账款	70844.00	30000.00	应付账款		50000.00	50000.00
预付款项			预收款项			
应收利息			应付职工薪酬		17000.00	
应收股利			应交税费		57669.75	52100.00
其他应收款		6000.00	应付利息		1500.00	
存货	136025.00	104400.00	应付股利			
一年内到期的非流动资产			其他应付款			
其他流动资产			一年内到期的非流动负债			
流动资产合计	690669.00	655500.00	其他流动负债			
非流动资产：			流动负债合计		426169.75	402100.00
可供出售金融资产			非流动负债：			
持有至到期投资			长期借款			
长期应收款			应付债券			
长期股权投资			长期应付款			
投资性房地产			专项应付款			
固定资产	425161.75	425161.75	预计负债			
在建工程			递延所得税负债			
工程物资			其他非流动负债			
固定资产清理			非流动负债合计			
生产性生物资产			负债合计		426169.75	402100.00
油气资产			所有者权益（或股东权益）：			
无形资产			实收资本（或股本）		450000.00	450000.00
开发支出			资本公积			
商誉			减：库存股			
长期待摊费用			盈余公积		73301.75	73301.75
递延所得税资产			未分配利润		166359.25	155260.00
其他非流动资产			所有者权益（或股东权益）合计		689661.00	678561.75
非流动资产合计	425161.75	425161.75				
资产总计	1115830.75	1080661.75	负债和所有者权益（或股东权益）总计		1115830.75	1080661.75
单位负责人：			会计主管：		制表人：	

图 6-16 报表结果显示

资产负债表

2．保存资产负债表

资产负债表制作完成后，将资产负债表另存为 Excel 工作簿，如图 6-17 所示。

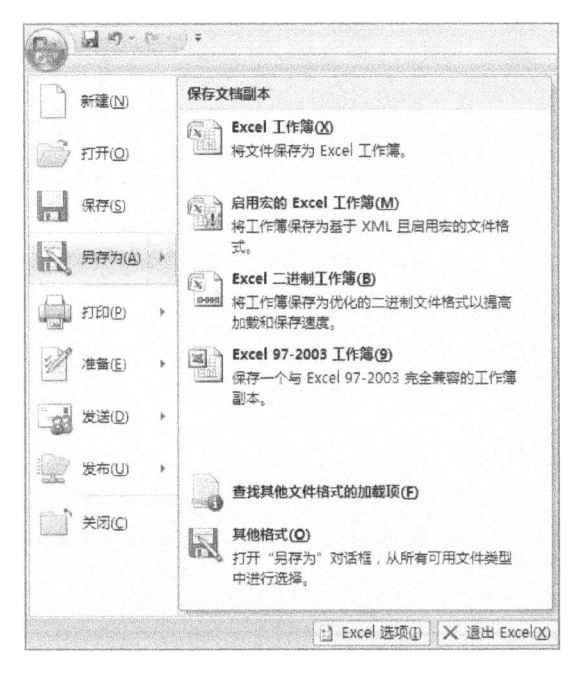

图 6-17　保存资产负债表

系统会自动弹出"另存为"对话框，将报表保存在指定文件夹里。

任务实施与检查

1．任务实施

安排 50 分钟学生上机操作。

2．任务检查

教师巡视检查，解答学生问题。

3．任务评价

（1）教师评价：

任务操作及内容	任 务 评 价
一、设计资产负债表格式	
二、定义资产负债表公式	
三、输入资产负债表数据	
总　　评：	

（2）学生自评：

任务操作及内容	任务完成情况
一、设计资产负债表格式	
二、定义资产负债表公式	
三、输入资产负债表数据	
总　　评：	
问题与解疑：	

边学边练

1. 根据下列资料编制大华公司 2017 年 4 月利润表，如图 6-18 所示。

利润表

编制单位：大华公司　　2017年4月　　会企02表　单位：元

项目	本期数	本年累计数
一、营业收入	140000	9540000
减：营业成本	78000	5160000
营业税金及附加	6700	470000
销售费用	1700	456000
管理费用	10600	582000
财务费用	3000	99000
加：投资净收益		100000
二、营业利润	40000	2873000
加：营业外收入	6000	250000
减：营业外支出	2400	123000
三、利润总额	43600	3000000
减：所得税费用	10900	750000
四、净利润	32700	2250000
单位负责人：　　会计主管：　　制表人：		

图 6-18　利润表

要求：

（1）编制大华公司 2017 年 4 月利润表，格式自行设计。

（2）根据报表数据，定义"营业利润"、"利润总额"、"净利润"公式。

利润表

资产负债表

单位名称：大华公司　　　　　　　2017年4月30日　　　　　　　　　　　　　会企01表
单位：元

资　产	期末余额	年初余额	负债及所有者权益（或股东权益）	期末余额	年初余额
流动资产：			流动负债：		
货币资金	51000.00	52000.00	短期借款	172000.00	120000.00
交易性金融资产			交易性金融负债		
应收票据			应付票据		
应收账款	52000.00	60000.00	应付账款	56600.00	64000.00
预付款项	18000.00	120000.00	预收款项	22000.00	20000.00
应收利息			应付职工薪酬	68000.00	74000.00
应收股利			应交税费	136000.00	120000.00
其他应收款	12000.00	6000.00	应付利息	66000.00	88000.00
存货	282000.00	230000.00	应付股利		
一年内到期的非流动资产			其他应付款	26000.00	16000.00
其他流动资产			一年内到期的非流动负债		
流动资产合计	415000.00	360000.00	其他流动负债		
非流动资产：			流动负债合计	546600.00	502000.00
可供出售金融资产			非流动负债：		
持有至到期投资			长期借款	120000.00	132000.00
长期应收款			应付债券		
长期股权投资			长期应付款		
投资性房地产			专项应付款		
固定资产	980000.00	1060000.00	预计负债		
在建工程			递延所得税负债		
工程物资			其他非流动负债		
固定资产清理			非流动负债合计	120000.00	132000.00
生产性生物资产			负债合计	666600.00	634000.00
油气资产			所有者权益（或股东权益）：		
无形资产	80000.00	6000.00	实收资本（或股本）	560000.00	560000.00
开发支出			资本公积		
商誉			减：库存股		
长期待摊费用			盈余公积	76400.00	116000.00
递延所得税资产			未分配利润	172000.00	116000.00
其他非流动资产			所有者权益（或股东权益）合计	808400.00	792000.00
非流动资产合计	1060000.00	1066000.00			
资产总计	1475000.00	1426000.00	负债和所有者权益（或股东权益）总计	1475000.00	1426000.00

图 6-19　资产负债表

2. 根据下列资料编制大华公司 2017 年 4 月 30 日资产负债表，如图 6-19 所示。

要求：

（1）编制大华公司 2017 年 4 月 30 日资产负债表，报表格式自行设计。

（2）录入报表数据，并定义"流动资产合计"、"非流动资产合计"、"资产总计"、"流动负债合计"、"非流动负债合计"、"负债合计"、"所有者权益（或股东权益）合计"、"负债和所有者权益（或股东权益）总计"公式。

3. 根据下列资料编制大华公司 2016 年年报四大会计报表。格式参照国税局 2016 年报最新格式。资产负债表如图 6-20 所示，利润表如图 6-21 所示，现金流量表和所有者权益变动表请扫描下方二维码观看。

资产负债表

（适用执行企业会计准则的一般企业）

所属时期：2016年01月01日 至 2016年12月31日

纳税人识别号：91410100123400789F

纳税人名称：大华公司

会企01表

单位：元

资产	行次	期末余额	年初余额	负债和所有者权益（或股东权益）	行次	期末余额	年初余额
流动资产：				流动负债：			
货币资金	1	117 943.64	82 149.96	短期借款	32	0.00	0.00
以公允价值计量且其变动计入当期损益的金融资产	2	0.00	0.00	以公允价值计量且其变动计入当期损益的金融负债	33	0.00	0.00
应收票据	3	0.00	0.00	应付票据	34	0.00	0.00
应收账款	4	1 696 004.43	2 124 232.08	应付账款	35	321 659.09	778 422.32
预付款项	5	0.00	0.00	预收款项	36	0.00	0.00
应收利息	6	0.00	0.00	应付职工薪酬	37	63 957.48	50 613.10
应收股利	7	0.00	0.00	应交税费	38	9 157.15	-12 962.20
其他应收款	8	9 950.00	9 750.00	应付利息	39	0.00	0.00
存货	9	99 188.04	72 638.89	应付股利	40	0.00	0.00
一年内到期的非流动资产	10	0.00	0.00	其他应付款	41	0.00	0.00
其他流动资产	11	251 956.80	251 956.80	一年内到期的非流动负债	42	0.00	0.00
流动资产合计	12	2 175 042.91	2 540 727.73	其他流动负债	43	0.00	0.00
非流动资产：				流动负债合计	44	394 773.72	816 073.22
可供出售金融资产	13	0.00	0.00	非流动负债：			
持有至到期投资	14	0.00	0.00	长期借款	45	0.00	0.00
长期应收款	15	0.00	0.00	应付债券	46	0.00	0.00
长期股权投资	16	0.00	0.00	长期应付款	47	0.00	0.00
投资性房地产	17	0.00	0.00	专项应付款	48	0.00	0.00
固定资产	18	43 021.57	43 021.57	预计负债	49	0.00	0.00
在建工程	19	0.00	0.00	递延收益	61	0.00	0.00
工程物资	20	0.00	0.00	递延所得税负债	50	0.00	0.00
固定资产清理	21	0.00	0.00	其他非流动负债	51	0.00	0.00
生产性生物资产	22	0.00	0.00	非流动负债合计	52	0.00	0.00
油气资产	23	0.00	0.00	负债合计	53	394 773.72	816 073.22
无形资产	24	0.00	0.00	所有者权益（或股东权益）：			
开发支出	25	0.00	0.00	实收资本（或股本）	54	2 000 000.00	2 000 000.00
商誉	26	0.00	0.00	资本公积	55	0.00	0.00
长期待摊费用	27	0.00	0.00	减：库存股	56	0.00	0.00
递延所得税资产	28	0.00	0.00	其他综合收益	62	0.00	0.00
其他非流动资产	29	0.00	0.00	盈余公积	57	0.00	0.00
非流动资产合计	30	43 021.57	43 021.57	未分配利润	58	-176 709.24	-232 323.92
资产总计	31	2 218 064.48	2 583 749.30	所有者权益（或股东权益）合计	59	1 823 290.76	1 767 676.08
				负债和所有者权益（或股东权益）总计	60	2 218 064.48	2 583 749.30

图 6-20 资产负债表

利润表

(适用执行企业会计准则的一般企业)

所属时期：2016 年 01 月 01 日 至 2016 年 12 月 31 日

纳税人识别号：91410100123400789F　　　　　　　　　　　　　　　　　　　会企 02 表

纳税人名称：大华公司　　　　　　　　　　　　　　　　　　　　　　　　　　　单位：元

项　　目	本 期 金 额	上 期 金 额
一、营业收入	802 091.59	1 132 123.85
减：营业成本	623 837.60	924 584.16
营业税金及附加	1 311.86	3 773.78
销售费用	0.00	0.00
管理费用	109 814.66	192 974.18
财务费用	419.70	237.83
资产减值损失	0.00	0.00
加：公允价值变动收益（损失以"-"号填列）	0.00	0.00
投资收益（损失以"-"号填列）	0.00	0.00
其中：对联营企业和合营企业的投资收益	0.00	0.00
二、营业利润（亏损以"-"号填列）	66 707.77	10 553.90
加：营业外收入	0.00	0.00
其中：非流动资产处置利得	0.00	0.00
减：营业外支出	0.00	0.00
其中：非流动资产处置损失	0.00	0.00
三、利润总额（亏损总额以"-"号填列）	66 707.77	10 553.90
减：所得税费用	6 670.77	1 574.57
四、净利润（净亏损以"-"号填列）	60 037.00	8 979.33
五、其他综合收益的税后净额	0.00	0.00
（一）以后不能重分类进损益的其他综合收益	0.00	0.00
1.重新计量设定收益计划净负债或净资产的变动	0.00	0.00
2.权益法下在被投资单位不能重分类进损益的其他综合收益中享有的份额	0.00	0.00
（二）以后将重分类进损益的其他综合收益	0.00	0.00
1.权益法下在被投资单位以后将重分类进损益的其他综合收益中享有的份额	0.00	0.00
2.可供出售金融资产公允价值变动损益	0.00	0.00
3.将有至到期投资重分类可供出售金融资产损益	0.00	0.00
4.现金流经套期损益的有效部分	0.00	0.00
5.外币财务报表折算差额	0.00	0.00
六、综合收益总额	60 037.00	8 979.33
七、每股收益：		
（一）基本每股收益	0.00	0.00
（二）稀释每股收益	0.00	0.00

图 6-21　利润表

第三篇　会计数据应用

项目七

财务图表应用

学习目标

- ❖ 学会建立图表与格式设计以及特殊图表类型的应用。
- ❖ 熟练运用图表工具进行财务图表的编制。

任务目标

- ❖ 建立图表与格式设计。
- ❖ 学会特殊图表类型的应用。

任务一 建立图表与格式设计

案例导入

2017 年 1 月—5 月,宏达公司在郑州、上海、北京和广州四个地区的产品销售量统计数据如表 7-1 所示(单位:万台)。

表 7-1 销售量统计表

地　　区	1月销售量	2月销售量	3月销售量	4月销售量	5月销售量
郑州	10	25	14	25	25
上海	25	20	14	41	36
北京	14	36	10	24	45
广州	23	17	24	21	29

要求:
(1)根据表 7-1 制作一份反映销售情况的 Excel 电子图表。
(2)根据销售量统计表创建一个柱形图。

一、建立图表

任务驱动

(1)新建一份销售量电子图表;
(2)按照电子图表提供的数据,创建一份销售量柱状图;
(3)整理保存柱状图。

知识链接

建立图表是根据数据表进行简单的图表创建过程。Excel 图表功能主要可用来反映数据的直观性,可以使枯燥的数据更直观化、形象化。Excel 提供了 10 多种图表类型,如面积图、柱形图、条形图、折线图、饼图、圆环图、气泡图、雷达图、股价图、曲面图、散点图、锥形图、圆柱图、棱锥图等,每种图表类型又都有几种不同的子类型。 通过图表可以迅速地对数据产生总体上的认识,这也是最常使用的数据分布的表现形式。

基本步骤

(1)在 Excel 中创建一组用图表显示的销售量统计表,如图 7-1 所示。

	A	B	C	D	E	F
1	地区	1月销售量	2月销售量	3月销售量	4月销售量	5月销售量
2	郑州	10	25	14	25	25
3	上海	25	20	14	41	36
4	北京	14	36	10	24	45
5	广州	23	17	24	21	29

图 7-1 图表显示

（2）单击"插入"功能区"图表"块中的"柱状图"按钮，弹出选择菜单，如图 7-2 所示。

（3）选择二维柱形图中的 ，创建图表操作完成，效果如图 7-3 所示。

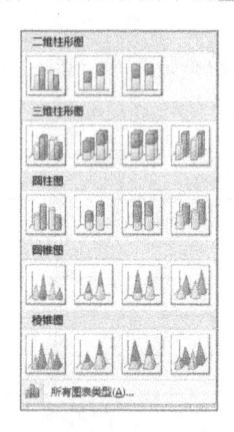

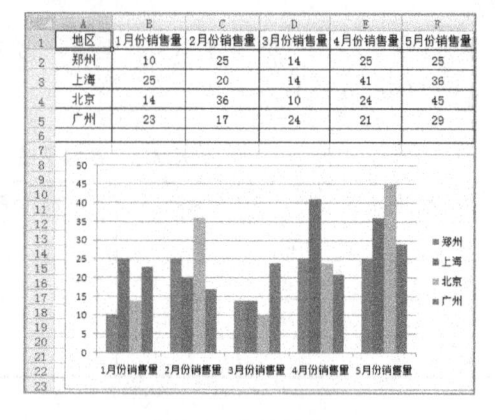

图 7-2　选择菜单　　　　　　图 7-3　完成效果

（4）创建图表完成后，注意要保存，可按快捷键【Ctrl+S】保存。通常应建一个文件夹，保存到指定文件夹里。注意：文件"另存为"按钮在主界面左上角的"文件"按钮里。

小贴士

1．图表的分类

- 按维数划分可以分为：二维图表和三维图表。
- 按有无坐标轴划分可以分为：有轴图表和无轴图表。一般的图表均有坐标轴，如条形图、柱形图、散点图等；有的图表没有坐标轴，如饼图、圆环图等。
- 按是否预设划分可以分为：预设类型和自定义类型。

2．常用图表介绍

（1）柱形图。

柱形图用于显示某段时间内数据的变化，或比较各数据项之间的差异。分类在水平方向反映，数值在垂直方向反映，如图 7-4 所示。

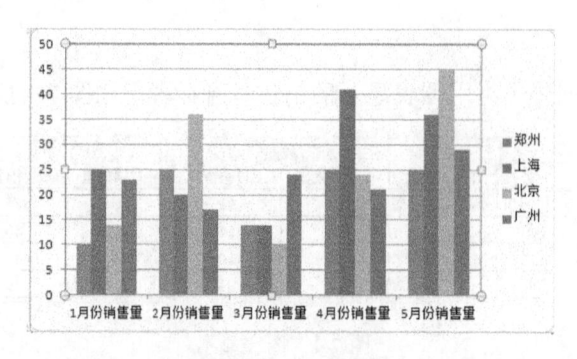

图 7-4　柱形图

（2）条形图。

条形图是用于显示各数据项之间的比较图型。分类在垂直方向反映，数值在水平方向反映，如图 7-5 所示。

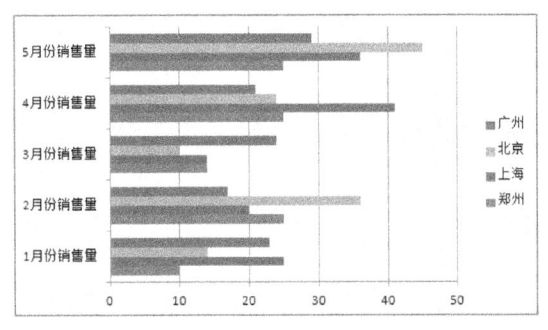

图 7-5　条形图

（3）折线图。

折线图是指用于显示各数据随时间变化的趋势图表，横坐标总是反映时间信息，如图 7-6 所示。

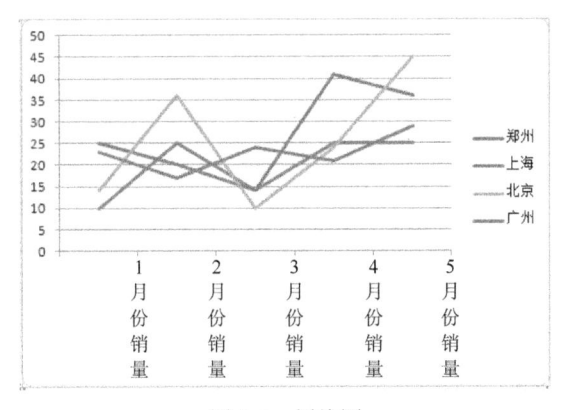

图 7-6　折线图

（4）面积图。

面积图是用于显示不同数据系列之间的对比关系，强调数量随时间变化程度的图表，也可以用于反映总值的趋势，如图 7-7 所示。

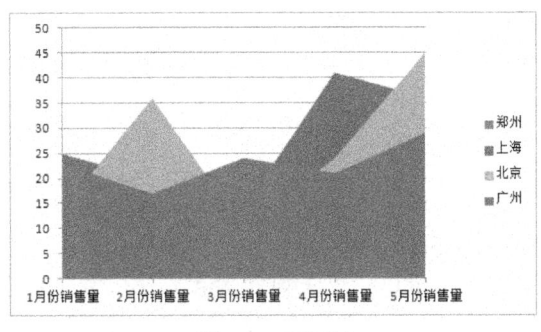

图 7-7　面积图

二、图表格式设计与布局

任务驱动

（1）以图 7-3 为例，为其添加一个合适的标题；
（2）为标题添加醒目的格式；
（3）为图表设计一个其他的图表样式；
（4）为已知的图表设计一个不一样的图表布局。

知识链接

在 Excel 中，可以快速地为图表应用预定义的图表布局和图表格式，而不用手动添加或更改图表元素或设置图表格式。Excel 提供了多种有用的预定义布局或格式供选择，但是可以根据需要手动更改各个图表元素的布局与格式，从而进一步微调布局或格式。

应用预定义的图表布局时，Excel 为每种图表类型提供了不同的布局，可以看到有一组特定的图表元素、图例、数据表或数据标签按特定的排列顺序在图表中显示。

应用预定义的图表格式时，会基于文档所应用的主题为图表设置格式，以便图表与主题颜色、主题字体以及主题效果匹配。

基本步骤

（1）单击销售量柱状图图表（见图 7-3），使其处于选定状态。
（2）单击"布局"选项卡，在"标签"组中单击"图表标题"按钮，在展开的列表中，选择"图表上方"选项，如图 7-8 所示；单击之后，随即为柱状图添加一个"图表标题"文本框，如图 7-9 所示。

图 7-8　图表标题位置设置　　　　图 7-9　添加图表标题

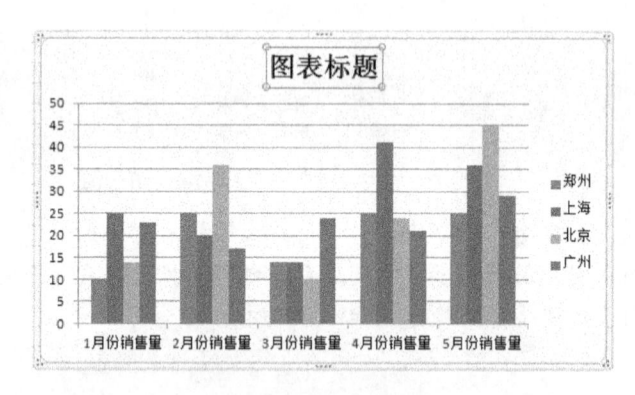

（3）将"图表标题"更改为"销售量统计柱状图"，单击"保存"按钮，完成添加标题操作，如图 7-10 所示。
（4）对标题进行格式设计，单击"布局"选项卡，在"标签"组中，打开"图表标题"中的"其他标题选项（M）"，如图 7-11 所示，然后根据所需，对图表及标题相应的"边框颜色"、"边框样式"、"阴影"、"三维格式"、"对齐方式"等内容进行设置。

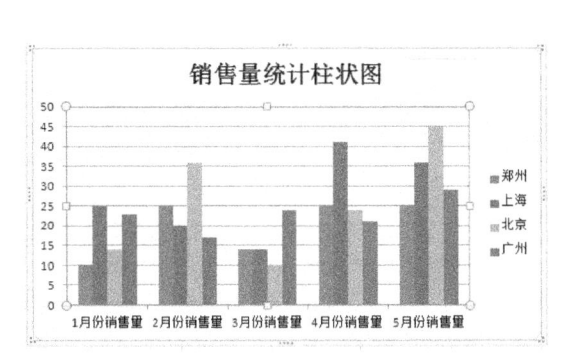

图 7-10　添加后效果　　　　　　　　　　图 7-11　设置图表标题格式

（5）单击要设置格式的图表，在"设计"选项卡下，在"图表样式"组中，单击下拉菜单，选择合适的样式，即可为其设计出一个其他样式的图表，如图 7-12 所示。

（6）单击要设置格式的图表，在"设计"选项卡下，在"图表布局"组中，单击要使用的图表布局即可，如图 7-13 所示。

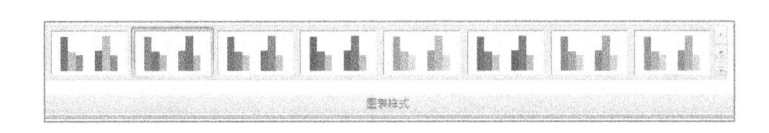

图 7-12　图表样式　　　　　　　　　　图 7-13　图表布局

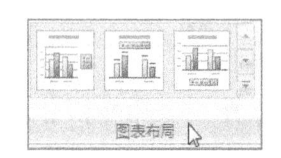

小贴士

除自动更改图表元素的格式与布局外，还可以以手动的方式进行更改。要更改图表的格式，可以执行下列操作：

（1）填充图表元素。可以使用颜色、纹理、图片和渐变填充来使特定图表元素引起用户的注意。

（2）更改图表元素的框线。可以使用颜色、线条样式和线条粗细来突出图表元素。

（3）为图表元素增加特殊效果。可以为图表元素形状应用特殊效果（如阴影、反射、发光、棱台等），以使图表具有更完美的外表。

（4）设置文本和数字的格式。可以为图表上的标题、标签和文本框中的文字、数字设置格式，就像为工作表上的文本和数字添加格式一样。要使文本和数字突出显示，还可以适当应用艺术字格式。

任务实施与检查

1. 任务实施

安排 30 分钟学生上机操作。

2. 任务检查

教师巡视检查，解答学生问题。

3. 任务评价

（1）教师评价：

任务操作及内容	任务评价
一、建立图表	
二、图表格式设计与布局	
总　评：	

（2）学生自评：

任务操作及内容	任务完成情况
一、建立图表	
二、图表格式设计与布局	
总　评：	
问题与解疑：	

任务二　特殊图表类型应用

案例导入

某公司 2017 年 1—5 月的销售额与利润额统计情况，如表 7-2 所示（单位：万元）。

表 7-2　销售与利润统计表

月　份	销　售　额	利　润　额
1	512	28
2	468	32
3	556	33
4	445	38
5	532	29

一、双 Y 轴图表

任务驱动

（1）根据所提供的资料，设计一幅双 Y 轴图表；

（2）保存双 Y 轴图表。

知识链接

双 Y 轴图表经常被认为具有高级的功能。如果需要有两组数值在一个图表上同时显示，那么用两个 Y 轴来控制数据的位置是最佳方案。

双 Y 轴的解决方案是将第二组数据（折线比较平缓的那组数据线）使用第二个 Y 轴。

双 Y 轴不能比较不同组数据之间的绝对值，因为它们使用的是不同单位和刻度，不具可比性，唯一能够比较的是数据变化的趋势，将两组数据同时放在一个图上可以比较出它们变化的速度。

基本步骤

（1）在 Excel 中创建一份销售及利润统计表，如图 7-14 所示。
（2）选择"插入"|"折线图"|"二维折线图"命令，如图 7-15 所示。

图 7-14　创建统计表　　　　　　图 7-15　二维折线图

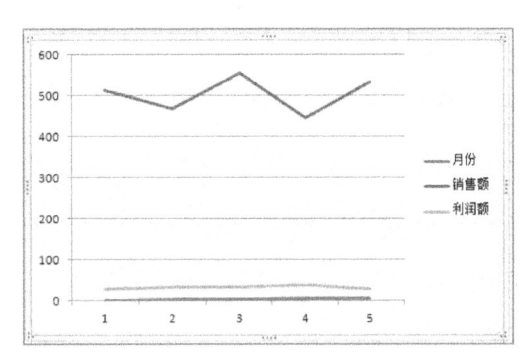

（3）在图 7-15 中的下边这根折线上右击，从弹出的菜单中选择"设置数据系列格式"命令，并选中"次坐标轴（S）"项，如图 7-16 所示，然后单击"关闭"按钮，完成"双 Y 轴图表"的设计，如图 7-17 所示。

图 7-16　选中"次坐标轴（S）"项　　　　　　图 7-17　双 Y 轴图表

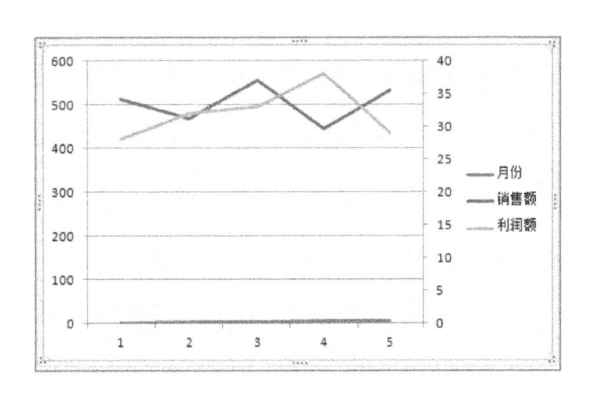

（4）创建图表完成后，注意要保存，可用快捷键【Ctrl+S】进行保存。通常应建立一个文件夹，保存到指定文件夹里。注意：文件“另存为”命令在主界面左上角的“文件”按钮里。

小贴士

两列数据系列相差很大时，在图表中可能只会显示较大的那一列数据。而这两列数据是相互有影响的，需要放在一张图中才能比较两者变化趋势是否一致，这时就需要用双 Y 轴图表来显示。

双 Y 轴图表之间是可以相互转换的。就上例来讲，还可以更改其中一条曲线的图表类型来达到比较的目的，如用柱状图+折线图的方式进行。在上述基础上，选择要更改图表类型的曲线，右击，选择“更改系列图表类型”命令，然后选中“柱状图”项，将生成“折线图+柱状图”。

二、动态交叉图表

案例导入

某公司 4 种产品连续 3 年的销售量，如表 7-3 所示（单位：万件）。

表 7-3　销售量统计表

年　　度	产 品 A	产 品 B	产 品 C	产 品 D
2014 年	178	600	263	243
2015 年	290	650	654	300
2016 年	475	774	653	442

任务驱动

（1）创建一份销售量统计表；

（2）利用 INDEX 函数公式创建动态交叉图表；

（3）保存图表。

知识链接

动态交叉图表是指列表可以根据表中数据的情况动态创建列。看似很高级的动态图表的制作原理却很简单，技巧只在于变换图表的数据源。

基本步骤

（1）如图 7-18 所示，销售统计表格创建在 B4:F7 的表格区域中，在这个表格上面创建一个辅助表格区域。辅助表的最左端设置“ID”列，在“ID”列中输入数字“1”。

	A	B	C	D	E	F
1	ID	年度	产品A	产品B	产品C	产品D
2	1					
3						
4		年度	产品A	产品B	产品C	产品D
5		2014年	178	600	263	243
6		2015年	290	650	654	300
7		2016年	475	774	653	442

图 7-18　设置“ID”列

（2）在 B2 单元格中输入函数公式"=INDEX(B5:B7,A2)"。公式设置完成后将在"年度"下面的单元格 B2 中显示"2014 年",因为在 A2 单元格中输入的是数字"1"。

（3）因为要将 INDEX 函数公式复制到其他单元格,所以要将受影响的单元格地址用$锁定。在公式所在的单元格中按功能键【F4】,使公式转换为"=INDEX(B5:B7,$A$2)",将公式复制到这一行的其他单元格。可在 ID 列中修改数字来进行测试。

（4）选择辅助表格区域 C1:F2,选中"插入"选项卡,从中选择"柱状图"项,在展开的菜单中选择"三维簇状柱形图"命令。

（5）通过图表样式功能对图表进行格式设置。

（6）通过 Excel 选项打开"开发工具"选项卡,单击"控件"组中的"插入"按钮,如图 7-19 所示,在展开的对话框中选择"组合框（窗体控件）"。

（7）在图表左上角单击"组合框"。然后单击"控件"组中的"属性"按钮。

（8）在对话框的"控制"选项卡上选择"数据源区域"为数据主表的年度信息"$B$5:$B$7"区域;在"单元格链接"中选择"ID"列中的信息"$A$2",如图 7-20 所示,单击"确定"按钮。

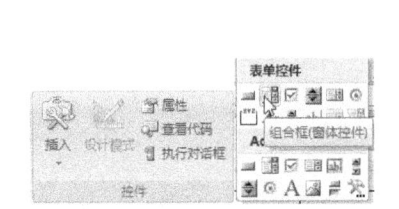

图 7-19　选择"组合框（窗体控件）"　　　　图 7-20　"控制"选项卡

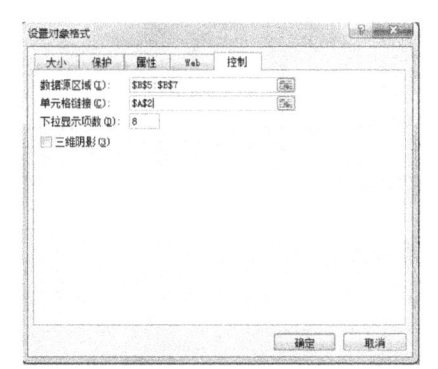

（9）设置完成后,图表中将暂时没有数据显示。单击刚通过组合框设置好的"下拉菜单"按钮,从中选择一个年份,在图表中将显示指定年份对应的柱形图,如图 7-21 所示。

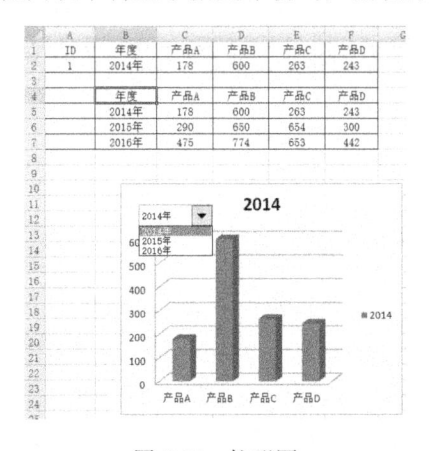

图 7-21　柱形图

小贴士

Excel 中常用的动态交互图表制作方法

1. 辅助序列法

这是最常用的方法，较直观和容易理解。设置一个辅助数据区域，根据用户的操作选择，将目标数据从数据源区域引用到辅助数据区域，用辅助数据作图。当用户选择改变，辅助区域的数据随之变化，图表也将变化。

2. 定义名称法

与前述方法相比，省去辅助数据区域，直接用名称提供图表数据源。根据用户选择，将目标数据定义到名称中，用名称作为图表的数据源。当用户选择改变，名称所指向的区域随之变化，图表也将变化。

3. 图片引用法

这种方法不多见，一般在人事管理应用中才会用到。前两种方法都是通过切换同一个图表的数据源来实现图表的动态变化，这种方法则是通过引用不同的图表来实现动态图表，可以支持不同数据源、不同类型、不同图表格式的图表的动态切换。

三、动态图表

案例导入

某公司 2017 年 1 月的工资表部分信息，如表 7-4 所示。

表 7-4　2017 年 1 月份职工工资表

	A	B	C	D	E	F	G
1	姓名	性别	基本工资	岗位工资	各种补贴	养老金	实发工资
2	赵栋	男	890	450	200	50.82	1489.18
3	杨笛	女	1100	480	450	66.99	1963.01
4	王海	男	980	460	140	52.14	1527.86
5	李敏	女	1250	560	500	76.23	2233.77
6	李刚	男	750	340	300	45.87	1344.13
7	崔菲	女	1800	590	425	92.90	2722.11

任务驱动

（1）在 Excel 中，创建一份工资表；
（2）利用条件筛选，制作一份工资动态图表。

知识链接

所谓动态图表就是可以实现数据与图表动态交互的图表。简单地说，就是有一个筛选控件，筛选不同内容的时候，图表就能对应不同的数据，从而显示不同的内容，也就是说图表一直能够随着数据的变化而变化，这在实际工作中非常具有现实意义。

动态图表的制作方法有：（1）利用条件筛选制作动态图表；（2）利用引用函数 offset 制

作动态图表;(3)利用控件和引用函数 offset 制作动态图表。

基本步骤

(1)先将工资变成筛选表;打开 Excel 表,然后选择"数据"|"筛选"命令,效果如图 7-22 所示。

(2)选择"插入"|"柱形图"命令,如图 7-23 所示。

图 7-22 将工资变成筛选表

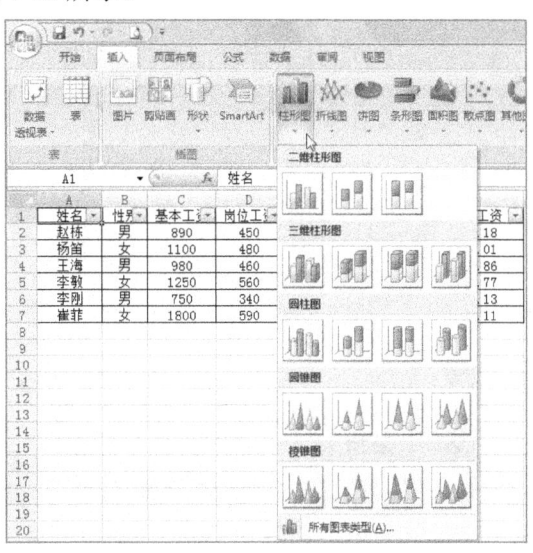

图 7-23 "柱形图"命令

(3)选择"二维柱形图"|"簇状柱形图"命令,自动生成二维的动态图表,如图 7-24 所示。

(4)在柱形图上右击,选择"选择数据"命令,打开"选择数据源"对话框,如图 7-25 所示。

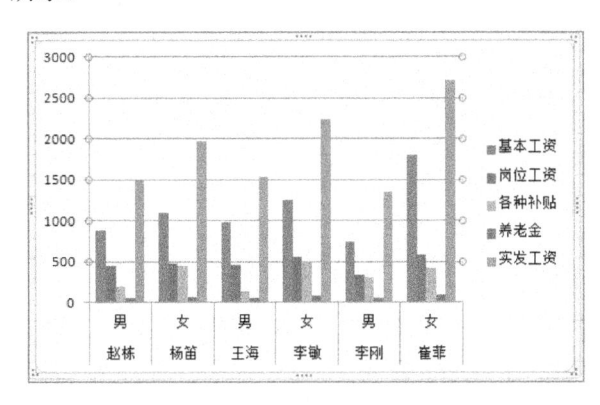

图 7-24 自动生成二维的动态图表

图 7-25 "选择数据源"对话框

(5)单击 编辑 按钮,重新选择工资表中的"姓名"列区域,然后单击"确定"按钮,动态图表创建成功,如图 7-26 所示。

	A	B	C	D	E	F	G
1	姓名	性别	基本工资	岗位工资	各种补贴	养老金	实发工资
2	赵栋	男	890	450	200	50.82	1489.18
3	杨笛	女	1100	480	450	66.99	1963.01
4	王海	男	980	460	140	52.14	1527.86
5	李敏	女	1250	560	500	76.23	2233.77
6	李刚	男	750	340	300	45.87	1344.13
7	崔菲	女	1800	590	425	92.90	2722.11

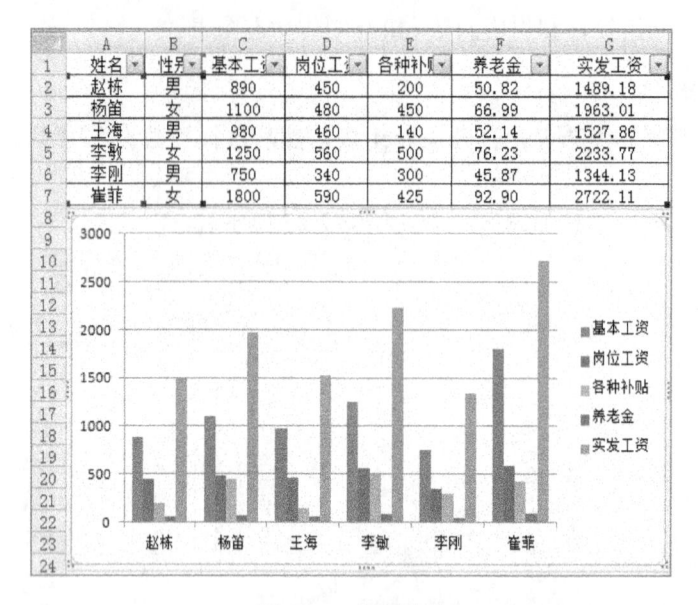

图 7-26 动态图表

🎯 小贴士

动态图表是图表分析的较高级形式，一旦从静态图表跨入动态图表，则分析的效率和效果都会进入另一个境界，可以让用户进行交互式的比较分析。动态图表还能直观地体现数据的变化、起伏、波动，对于数据分析有着举足轻重的作用。

🧘 任务实施与检查

1. 任务实施

安排 60 分钟学生上机操作。

2. 任务检查

教师巡视检查，解答学生问题。

3. 任务评价

（1）教师评价：

任务操作及内容	任务评价
一、双 Y 轴图表	
二、动态交叉图表	
三、动态图表	
总　评：	

（2）学生自评：

任务操作及内容	任务完成情况
一、双 Y 轴图表	
二、动态交叉图表	
三、动态图表	
总　　评：	
问题与解疑：	

边学边练

1．创建一个名为"电器销售情况"的工作簿（如图 7-27 所示）

	A	B	C	D	E
1		第一季度	第二季度	第三季度	第四季度
2	电脑	30	20	25	40
3	音响	15	18	12	20
4	彩电	33	36	28	47

图 7-27　创建工作簿

要求：

（1）创建一个名为"电器销售情况"的工作簿。

（2）根据图 7-27 创建一个图表，图表类型为"柱状图"，其结果如图 7-28 所示。

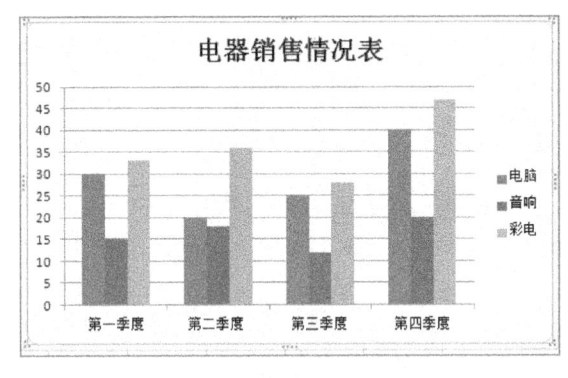

图 7-28　柱状图效果

（3）将图表区内的文字设置为楷体、粗体、蓝色。

2．创建一个名为"某劳动服务公司工资汇总表"（如图 7-29 所示）

	工资	职工福利费	差旅费	办公费	电话费	业务招待费	劳动保险费	水电费	其他
第一季度	256	35.8	47	49	50	45	57	34	19
第二季度	151	21.2	28	30	79	30	46	27	35
第三季度	271	37.9	19	79	49	45	19	45	28
第四季度	256	35.8	50	67	89	32	50	37	20

图 7-29　工资汇总表

要求：

（1）创建一个"某劳动服务公司工资汇总表"。

（2）根据如图 7-29 所示，采用动态图表的制作方法生成一个二维的动态图表，如图 7-30 所示。

图 7-30　二维的动态图表

（3）结合"图表格式设计与布局"这一节课的内容，为图 7-30 增添一个醒目的标题"某劳动服务公司工资汇总表"，如图 7-31 所示。

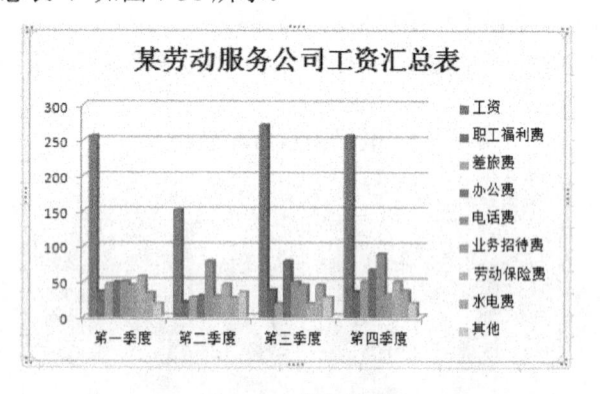

图 7-31　增添标题

（4）将图表区内的文字设置为华文行楷、粗体、红色并加上方框。

项目八

财务数据透视分析

学习目标

- ❖ 了解数据透视图表的意义及作用。
- ❖ 掌握创建数据透视图表的方法、透视图表的格式设置及样式定义。
- ❖ 掌握运用透视表分析数据的基本方法。

任务目标

- ❖ 能以多种方式建立数据透视表并能对透视表的表式及样式进行设置。
- ❖ 掌握使用数据透视表分析数据的几种基本方法。
- ❖ 能令数据透视表分组显示,并能根据原始数据生成数据透视图。

任务一 数据透视表基础知识

案例导入

红心公司郑州分公司拟对一季度的商品销售情况（见表 8-1）进行销售分析，该公司主要从事 A、B、C 三种型号商品的销售业务，公司有两个销售科，销售一科销售人员有 3 人：赵勇、张丽、许江；销售二科销售人员有 3 人：李欣、张琳、杨威。

请分析，对于该公司来说，哪种产品销售最佳？哪个部门业绩最好？这就需要使用数据透视表来实现。

表 8-1 红心公司郑州分公司一季度销售情况

单位：元

客户代码	销售月份	销售部门	销售人员	产品名称	销售数量	销售金额	销售产品成本
KH0001	1	一科	赵勇	A	256	89 000.00	50 000.00
KH0011	1	二科	李欣	A	300	91 000.00	52 130.00
KH0023	1	一科	张丽	B	500	150 000.00	110 250.00
KH0002	1	二科	李欣	A	340	93 400.00	62 000.00
KH0003	1	一科	赵勇	A	450	110 050.00	78 600.00
KH0005	1	二科	张琳	B	500	145 000.00	120 000.00
KH0003	1	一科	许江	C	650	167 000.00	110 000.00
KH0006	1	二科	杨威	C	520	151 000.00	102 000.00
KH0008	1	一科	张丽	A	440	98 000.00	55 000.00
KH0012	1	一科	张丽	A	500	102 000.00	61 000.00
KH0011	1	二科	李欣	C	510	102 000.00	66 000.00
KH0013	1	一科	赵勇	B	600	160 000.00	112 000.00
KH0022	1	二科	张琳	A	700	132 100.00	102 000.00
KH0034	1	一科	许江	B	512	163 000.00	112 300.00
KH0021	1	二科	李欣	A	320	98 000.00	59 500.00
KH0013	1	一科	赵勇	B	480	149 000.00	10 230.00
KH0014	2	一科	张丽	C	410	102 300.00	71 000.00
KH0001	2	二科	李欣	A	300	92 100.00	56 300.00
KH0023	2	一科	许江	B	500	148 900.00	11 000.00
KH0024	2	一科	张丽	C	456	108 600.00	75 000.00
KH0010	2	二科	杨威	B	650	168 000.00	125 300.00
KH0014	2	一科	许江	A	440	132 000.00	100 200.00
KH0036	2	二科	李欣	C	510	149 000.00	102 310.00
KH0023	2	二科	张琳	A	320	84 500.00	56 900.00
KH0011	2	一科	许江	B	680	186 000.00	135 000.00
KH0029	2	二科	杨威	A	740	196 000.00	145 060.00
KH0018	2	一科	赵勇	B	691	167 200.00	135 640.00

续表

客户代码	销售月份	销售部门	销售人员	产品名称	销售数量	销售金额	销售产品成本
KH0036	2	一科	张丽	A	410	146 200.00	112 960.00
KH0039	2	二科	杨威	B	312	98 050.00	65 400.00
KH0037	2	二科	李欣	A	512	159 800.00	128 600.00
KH0028	2	一科	赵勇	B	456	148 900.00	106 300.00
KH0009	2	一科	张丽	C	302	92 300.00	61 200.00
KH0041	2	二科	李欣	A	602	168 900.00	126 500.00
KH0035	2	二科	张琳	B	552	152 300.00	112 300.00
KH0011	3	二科	张琳	A	700	179 000.00	143 200.00
KH0010	3	一科	赵勇	B	521	159 800.00	124 200.00
KH0045	3	一科	许江	C	750	180 010.00	145 300.00
KH0024	3	二科	杨威	A	321	98 600.00	74 120.00
KH0031	3	二科	李欣	B	465	150 230.00	109 800.00
KH0032	3	一科	许江	C	810	182 000.00	132 400.00
KH0021	3	一科	张丽	A	350	98 000.00	63 400.00
KH0024	3	二科	杨威	B	670	168 900.00	130 100.00
KH0044	3	二科	李欣	C	340	99 020.00	65 400.00
KH0038	3	二科	张琳	A	410	102 300.00	74 300.00
KH0011	3	一科	赵勇	B	560	159 700.00	135 000.00
KH0036	3	一科	许江	A	600	169 200.00	135 900.00
KH0042	3	一科	赵勇	A	230	91 200.00	52 300.00
KH0032	3	二科	李欣	B	490	150 230.00	115 600.00
KH0034	3	二科	张琳	C	520	159 800.00	110 300.00

一、建立数据透视表

任务驱动

（1）建立数据透视表；
（2）将该数据透视表命名为"销售科室业绩分析"。

知识链接

数据透视表

数据透视表是一种可以快速汇总、分析大量数据表格的交互式工具。使用数据透视表可以按照数据表格的不同字段从多个角度进行透视，并建立交叉表格，用以查看数据表格不同层面的汇总信息、分析结果以及摘要数据。

使用数据透视表可以深入分析数值数据，以帮助用户发现关键数据，并做出有关企业中关键数据的决策。

数据透视表是针对以下用途特别设计的：

（1）以友好的方式，查看大量的数据表格。
（2）对数据进行快速分类汇总，按分类和子分类查看数据信息。
（3）展开或折叠所关注的数据，快速查看摘要数据的明细信息。
（4）建立交叉表格（将行移动到列或将列移动到行），以查看源数据的不同汇总。
（5）快速的计算数值数据的汇总信息、差异、个体占总体的百分比信息等。

基本步骤

1. 创建数据透视表

以表 8-1 中的数据为数据源创建数据透视表。
（1）打开数据源。按照表 8-1 建立类似的销售信息数据。将光标选中表中单元格。
（2）创建数据透视表。
① 单击"插入"菜单中的"数据透视表"按钮，或在下拉菜单中选择"数据透视表"命令，如图 8-1 所示。
② 在展开的对话框中，确认数据范围是需要的表区域，选择放置数据表在"新工作表"，单击"确定"按钮。如之前已将光标定位在表内任意单元格中，则会自动选择整个表格为数据区，如图 8-2 所示。

图 8-1　选择"数据透视表"命令　　　　图 8-2　创建数据透视表

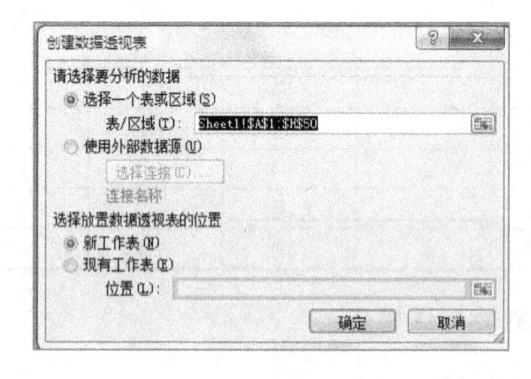

如光标定位在表格数据之外，则需要手动选择数据区域。可单击 按钮进行手动数据区域选择。
③ 创建完成后进入新工作表，Excel 上方功能区出现了"数据透视表工具"，其中包括"选项"和"设计"选项卡，如图 8-3 所示。

2. 将该数据透视表命名为"销售科室业绩分析"

在创建数据透视表时，Excel 会自动按顺序将表格依次命名为"数据透视表 1、2……"等类似名称。用户也可以修改系统默认的名称，以使每一个透视表更易于识别。
在"选项"的"数据透视表"工作组中，单击"数据透视表名称"文本框（如图 8-3 标注①的部分所示），输入新的名称后按【Enter】键即完成重命名操作。

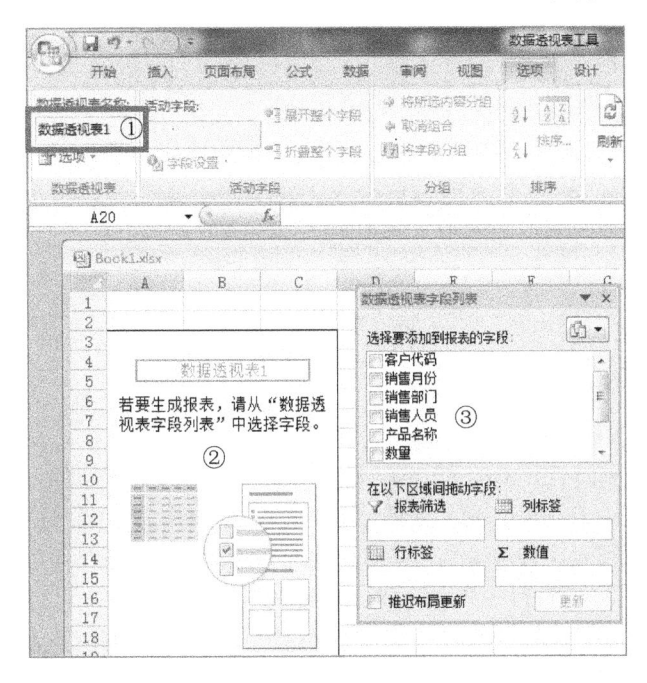

图 8-3　数据透视表工具

◎ 小贴士

如何创建数据透视表的源数据

若要创建数据透视表，要求数据源必须是比较规则的数据，也只有比较大量的数据才能体现数据透视表的优势。例如：表格的第一行是字段名称，字段名称不能为空；数据记录中最好不要有空白单元格或合并单元格；每个字段中数据的数据类型必须一致。数据越规则，数据透视表使用起来越方便。如将表 8-1 变为如图 8-4 所示的形式。

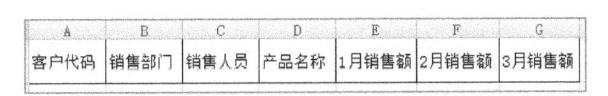

图 8-4　交叉表

图 8-4 所示的表格为交叉表，不太适合依据此表创建数据透视表（不是不能使用数据透视表，只是使用交叉表创建数据透视表后某些功能无法体现）。因为其月份被分为 3 个字段，不利于统计比较，而表 8-1 的样式更佳。

使用表 8-1 结构的表格，通过数据透视表，很容易创建如图 8-4 所示的交叉表格，但反之则很麻烦。因此，创建数据透视表之前，要注意表格的结构，能纵向排列的表格就不要横向排列。

二、财务数据透视表工具

🧒 任务驱动

（1）了解财务数据透视表工具的排列布局；

（2）显示或隐藏数据透视表工具。

知识链接

如何显示数据透视表的工具栏呢？单击工作簿中数据透视表内任意位置，将会在功能区中显示"数据透视表工具"，有"选项"和"工具"两个选项卡，在此区域内可以对数据透视表进行设计、修改、计算、分析等一系列操作。

基本步骤

1. 认识数据透视表工具区域

如图 8-3 所示，图中②标注的区域就是数据透视表的生成区域，在此会按照用户的定义生成相应的数据透视表。③所标注的区域是数据透视表的设定工具区，在这里可以设定透视表生成的条件和计算的方法等。使用透视表的时候，需要用到一些专门工具，例如③所标注的标签中的"数据透视表字段列表"，可以在此选择透视表计算分析时显示的字段。

在③区中，单击 后可以出现如图 8-5 所示的下拉菜单。这里可以定义数据透视表设定工具栏的显示格式。如选择"字段节和区域节并排"后工具区域会变成如图 8-6 所示。用户可以根据自己的使用习惯选择不同的透视表数据设定工作区显示格式。

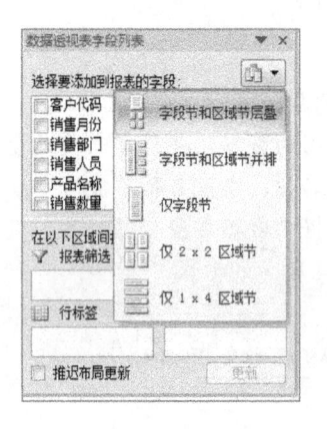

图 8-5　数据透视表字段列表　　　　图 8-6　生成效果

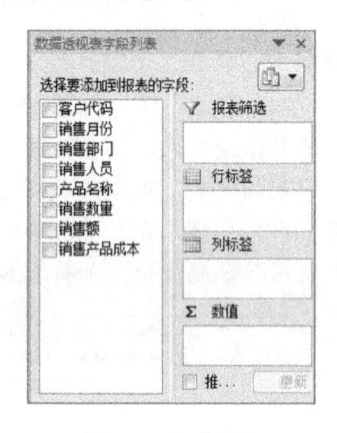

2. 显示隐藏数据透视表工具

有时根据数据分析的需要，要求隐藏数据透视表工具区域，使得当前工作簿只留下数据透视表，该项功能可以通过单击数据透视表工具选项卡"选项"|"显示/隐藏"工具组来完成。单击如图 8-7 所示的"字段列表"按钮，数据透视表设定工具区就会隐藏。

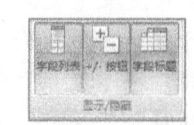

图 8-7　"显示/隐藏"工具组

小贴士

显示/隐藏字段列表的另一种方法

将光标定位在数据透视表内任意位置，右击，选择"显示字段列表"菜单，将会跳出字段列表对话框。再次在数据透视表内任意位置，右击，选择"隐藏字段列表"菜单，字段列表对话框就会隐藏。

任务实施与检查

1．任务实施

安排 40 分钟学生上机操作。

2．任务检查

教师巡视检查，解答学生问题。

3．任务评价

（1）教师评价：

任务操作及内容	任 务 评 价
一、建立数据透视表	
二、财务数据透视表工具	
总　　评：	

（2）学生自评：

任务操作及内容	任务完成情况
一、建立数据透视表	
二、财务数据透视表工具	
总　　评：	
问题与解疑：	

任务二　建立多种财务数据透视表

一、创建多种财务透视表

任务驱动

（1）按销售部门汇总销售额等信息；
（2）创建综合类别的数据透视表。

知识链接

1．Excel 排序时根据一定规则将数据重新排列的过程

Excel 数据的默认顺序：在升序排序中，常见数据类型的默认顺序如下所述。

- 数值：数字按从最小负数到最大正数的顺序排列，日期和时间则根据所对应的数值顺序排序。
- 文字：按照英文字母顺序排列。汉字按拼音首字母所对应的英文字母顺序排列。
- 逻辑值：逻辑值 FALSE 在 TRUE 之前。

2. 销售毛利

当一个商品有销售时,销售毛利就是移动平均成本和售价之间的差异。

销售毛利=销售收入净额−销售成本

基本步骤

在财务管理工作中,用户会从各个角度分析数据,数据透视表灵活组合的特性可以显示各个类别的数据汇总信息,从而满足各类报表的要求。

红心公司郑州分公司的总经理需要下属销售科室的销售情况,以此决定哪个销售科室第一季度工作成果应该给予奖励,该如何来完成该经理的要求?

可以将销售数据按照销售科室进行数据透视分析来实现。

1. 按销售部门汇总销售情况

根据如表 8-1 所示的相关数据,进行各销售科室销售情况的汇总。

(1)选择表 8-1 的数据源,按照任务一所述的相关操作顺序建立数据透视表,此时当前工作簿如图 8-3 所示。即在透视表的工作界面上,窗口右侧出现"数据透视表字段列表"工具栏(图 8-3 中③所标注的部分)。

(2)添加字段到透视表。现在要按照销售科室进行汇总,在数据透视表中,"列"显示用户汇总关键字段,这里是销售部门的"销售一科"和"销售二科";"行"显示汇总需要分析计算的数据,如"销售额"。操作时,"销售部门"就是汇总的关键字段,在"选择要添加到报表的字段"框中,将其用鼠标拖曳到"行标签"区域,或者直接勾选"销售部门"字段,销售部门也会出现在"行标签"区域中。选择后数据透视表会按照销售部门对销售额进行分类汇总。

需要分类汇总的数据是"销售额"、"销售产品成本",数据透视表在设定后会自动汇总各销售科室第一季度的销售额和销售产品成本。操作时,在"选择要添加到报表的字段"中直接勾选"销售部门"、"销售额"、"销售产品成本"即可,操作如图 8-8 所示。

设定后生成的数据透视表如图 8-9 所示。

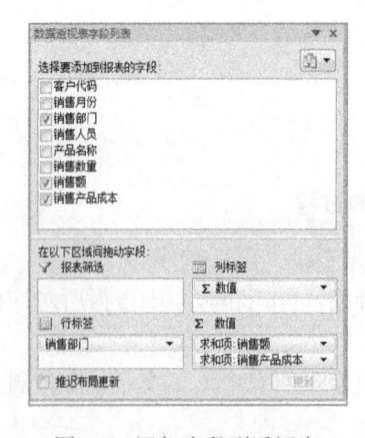

图 8-8 添加字段到透视表   图 8-9 生成的数据透视表

从图 8-9 可以很清晰地看出，销售一科销售业绩更好。

（3）简单排序。

图中销售二科排在销售一科之前，是因为 Excel 2007 默认汉字按首字母拼音顺序排列。想要调整两个科室的显示顺序，在 Excel 上方工具区选择"数据"选项卡，单击"排序"按钮，然后在弹出的对话框中选择"降序排序（Z 到 A）"即可，如图 8-10 所示。

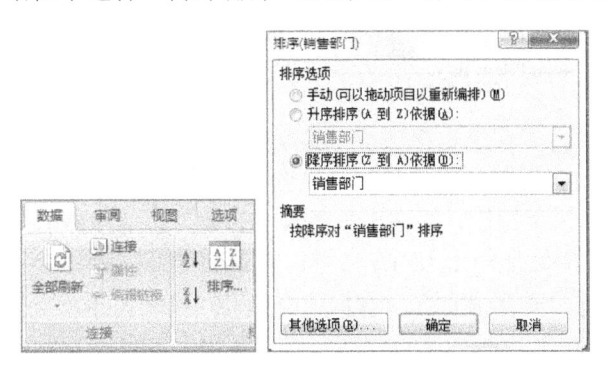

图 8-10　简单排序

（4）汇总统计"销售毛利"。

如果红心公司郑州分公司的经理除要了解各个销售科室的销售额和销售产品成本之外，还想要了解第一季度两个销售科室给企业创造的"销售毛利"情况，因为销售毛利越多，说明该部门的工作成果给企业带来的销售利润可能会越大，该科室贡献也较大。那么该如何操作呢？这时就需要在图 8-9 中的数据透视表中增加"销售毛利"字段，并计算"销售毛利"的数值进行分析。

操作时，在数据透视表中任意位置单击，在 Excel 上方工具区"数据透视表工具"标签下单击"选项"选项卡，然后单击"公式"菜单下的"计算字段"选项，如图 8-11 所示。

在弹出的对话框中，"名称"栏内填入"销售毛利"字段名，表示在透视表中新增的数据分析字段名称为"销售毛利"。"公式"栏中的"="号后，输入计算方法。这里不需直接输入相关汉字，而是在下方"字段"中选择"销售额"，单击"插入字段"按钮，销售额就会出现在"公式"输入框，再输入"–"号，从"字段"中选择"销售产品成本"，即可完成公式输入，如图 8-12 所示。

图 8-11　"计算字段"选项　　　图 8-12　插入字段

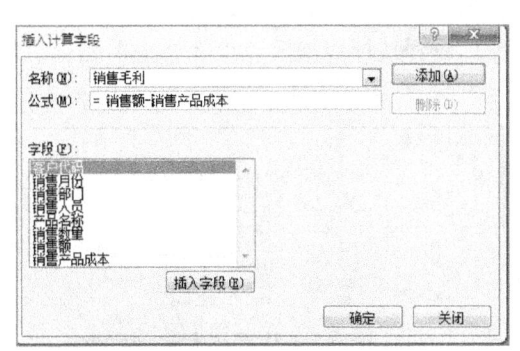

单击上方"添加"按钮,"销售毛利"相关分析数据就会出现在数据透视表中,如图 8-13 所示。

行标签	求和项:销售额	求和项:销售产品成本	求和项:销售毛利
一科	3460360	2296180	1164180.00
二科	3189230	2305120	884110.00
总计	6649590	4601300	2048290.00

图 8-13 添加"销售毛利"后的数据透视表

2. 创建综合类别的数据透视报告

数据透视表可以支持多层表头格式,以实现多层分类汇总。在下面的例子中,我们要对各个产品类别在每个销售科室的每个月的销售额进行综合了解。

(1) 选择表 8-1 作为数据源,生成数据透视表。

(2) 拖动"产品名称"和"销售部门"到"行标签"区域中。注意,因为要了解的是各产品销售情况,所以将"产品名称"排在前面。拖动"销售月份"到"列标签"区域中;将"销售额"拖入"数值"区域。如此设定后可以对各产品在各个部门的每月销售额进行分类汇总,如图 8-14 所示进行设定。

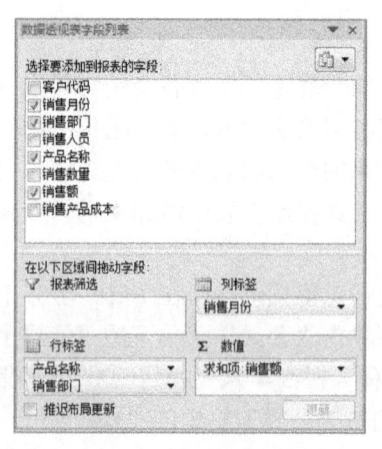

图 8-14 设定效果

这样就得到了一个分类清晰、信息全面的汇总表。从该表可以分析出各产品总体销售情况,各个月份每种产品销售额变化以及销售部门销售各个产品情况等信息,如图 8-15 所示。

(3) 将鼠标放到某行数据汇总单元格上,光标后将显示对应汇总数据的说明标签,如图 8-16 所示。

求和项:销售额	列标签			
行标签	1	2	3	总计
⊟A	813550	979500	738300	2531350
一科	399050	278200	358400	1035650
二科	414500	701300	379900	1495700
⊟B	767000	1069350	788860	2625210
一科	622000	651000	319500	1592500
二科	145000	418350	469360	1032710
⊟C	420000	452200	620830	1493030
一科	167000	303200	362010	832210
二科	253000	149000	258820	660820
总计	2000550	2501050	2147590	6649590

图 8-15 汇总表

```
2531350
1495700
103  求和项:销售额
2625 值: 1495700
103  行: A - 二科
159  列: 总计
```

图 8-16 说明标签

小贴士

数据透视表中的数据筛选

如果郑州分公司总经理想要了解销售部门每位销售员销售每种产品情况，可以将“销售人员”拖动到“数据透视表字段列表”的行标签中，这种方法等于在分类汇总分析中增加了一个分类的关键字段，会使得数据透视表结构发生变化。如果不想要改变当前透视表结构，也可以按“销售人员”添加一个筛选项，同样可以达到总经理的要求。选择数据透视表设定工具“字段列表”，用鼠标将其拖放到“报表筛选”区域中，在透视表的上部将显示这个字段。在下拉菜单中选择一位销售人员，表格中的数据将被筛选，从而显示出用户所选择的销售人员的数据。例如，选择了销售人员“张琳”，则会显示张琳在三个月里三种产品的销售业绩，如图 8-17 所示。在数据列表中经过筛选的字段旁边会有“漏斗”标记。

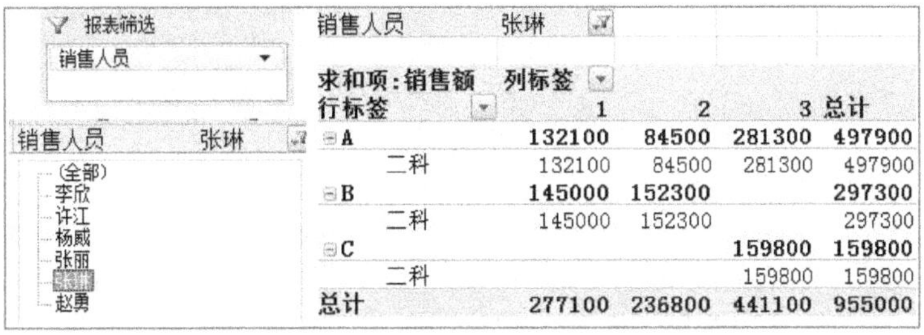

销售人员	张琳			
求和项:销售额	列标签			
行标签	1	2	3	总计
A	132100	84500	281300	497900
二科	132100	84500	281300	497900
B	145000	152300		297300
二科	145000	152300		297300
C			159800	159800
二科			159800	159800
总计	277100	236800	441100	955000

图 8-17　数据透视表中的数据筛选

二、设计财务数据透视表

任务驱动

（1）按类别显示透视表分类汇总信息；

（2）设计透视表布局；

（3）设计透视表样式；

（4）将数据透视表变为“静态表”。

知识链接

数据的静态和动态

在 Excel 表格中，数据是动态的，数据计算分析的结果可以随着源数据的变化而随之发生变化。有时，因工作需要可能要求人为取消数据间的动态联系，将数据转为“静态”。一旦数据转为静态，则源数据的变化将不再引起相关计算值的变化。

基本步骤

数据透视表不仅可以清晰灵活地显示不同分析角度的数据汇总信息，而且可以设置多样的格式，使数据透视表更加美观，更加适合财务人员的不同工作需要以及更加方便财务数据信息使用者阅读。以上述“任务二”中综合数据透视表为例（如图 8-15 所示），来看下如何对其进行格式设置。

1. 按类别显示分类汇总信息

在使用多重行标签（也就是复合表头）后，就形成了按类别的数据显示的数据报表。如在图 8-15 中，就是对产品按销售科室进行汇总分析的，行标签有两个，并按月显示其对应销售额的数据。在图 8-15 的透视表中，可以控制靠左侧的"产品名称"标签选择是否显示分类汇总的数据。

（1）把光标定位到透视表任意区域中。单击"设计"选项卡"布局"组合中的"分类汇总"按钮，在出现的对话框中选择分类汇总的显示方式。Excel 提供了三种分类汇总显示方式，分别为"不显示分类汇总"，选择该选项后，透视表将不出现任何汇总信息；"在组的底部显示所有分类汇总"，选择该选项后，汇总信息会放在对应数据的下方显示；"在组的顶部显示所有分类汇总"，选择该选项后，所有汇总信息会显示在对应数据的上方，操作如图 8-18 所示。

（2）如选择"在组的底部显示所有分类汇总"选项，图 8-15 的汇总形式会变为如图 8-19 所示。汇总项在相应数据的下方（以 A 产品为例）。

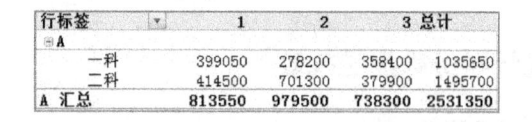

图 8-18　分类汇总　　　　　图 8-19　A 产品汇总形式

（3）分类汇总字段的折叠和展开。

在复合表头格式的透视表中，每一级的分类汇总信息可以展开或折叠显示，除了可以通过字段标签中的"－"来折叠字段信息，或通过"＋"展开字段信息，还可以选择"活动字段"工具组中"展开整个字段"、"折叠整个字段"来实现分类汇总字段折叠和展开功能，如图 8-20 所示。

2. 设计透视表布局

图 8-15 所示的数据透视表布局格式不是唯一的，使用"报表布局"功能可以将表调整成各种日常报表形式。

（1）将光标定位到数据透视表中的任意区域。单击"设计"选项卡"布局"组中的"报表布局"按钮，在出现的对话框中选择布局方式，如图 8-21 所示。

（2）默认情况下的布局格式是"以压缩形式显示"。用户可以根据需要自行选择适合的布局格式。

（3）"报表布局"可以对表的主要布局结构调整，此外在"布局"选项卡的"总计"菜单中还可以选择对行或列汇总数据，如图 8-22 所示。

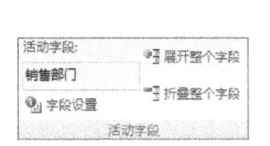

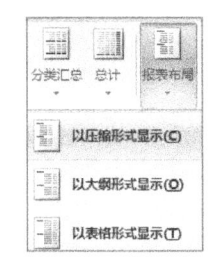

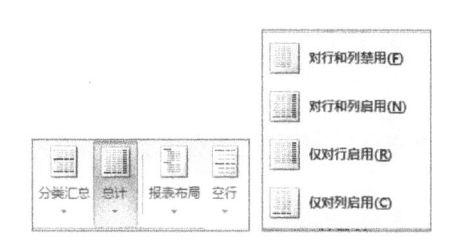

图 8-20　活动字段　　图 8-21　报表布局　　图 8-22　"总计"菜单

"总计"菜单有四个选项，系统默认是"对行和列启用"汇总，可以根据需要选择不同的汇总数据方式。"空行"菜单可以在数据透视表中每个项目后插入空行或者删除空行。

3．设计数据表样式

在数据透视表工具标签中，利用"布局"功能调整好了透视表的逻辑结构，那我们如何让数据表变得更加美观呢？使用"数据透视表样式"可以快速调整报表的外观格式，美化数据透视表。

（1）将光标定位到透视表区域中任意位置。在"设计"选项卡中选择"数据透视表样式"组，如图 8-23 所示。将光标移动到各个样式上，用户就可以预览到报表使用该样式的效果。用户选定后单击该样式即可。

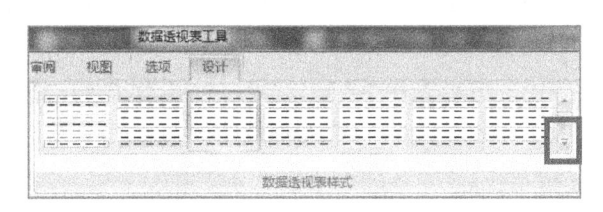

图 8-23　数据透视表样式

（2）在"设计"选项卡"数据透视图表样式选项"组中还可以选择样式在报表中套用的对象，包括"行标题"、"列标题"、"镶边行"、"镶边列"。

4．静态展示数据透视表

数据透视表在分析数据时，界面上会显示"字段标题"和"类别展开折叠"按钮。如果用户不熟悉透视表的操作，不小心调整了透视表的内容或结构，透视表的结果将会受到影响。如果提交透视表后不希望其他人修改调整透视表的内容，可以用静态形式显示透视表。

（1）关闭透视表按钮。在数据透视表的"选项"选项卡的"显示/隐藏"组中，关闭"+/-按钮"和"字段标题"项，表头上的字段标题将消失。这些按钮隐藏后报表看起来更加简洁、美观，适用于最终的发布。

（2）如希望彻底将透视表转为静态，则可以选择报表内容进行复制，再粘贴到一个新的 Excel 表中即可。

💡 小贴士

如果用户对系统提供的默认样式不满意,还可以自行设定数据透视表的显示效果。

单击上图 8-23 中粗线框中的下拉按钮,数据透视表样式菜单全部展开,选择"新建数据透视表样式"选项。在跳出的"新建数据透视表快速样式"中可以对透视表各个组成部分设置。如图 8-24 所示。

单击图 8-24 中"格式"按钮,可以在"设置单元格格式"对话框中对透视表的"字体"、"边框"、"填充"颜色等进行设置,如图 8-25 所示。

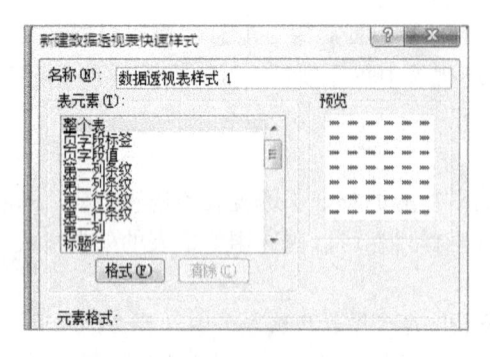

图 8-24　设置透视表各个组成部分　　　　图 8-25　设置单元格格式

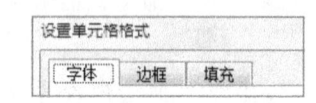

另外,在选取透视表全部区域后右击,选择右键快捷菜单中"设置单元格格式"命令也可以对透视表进行简单的格式设置。

如果用户对样式不满意,可以在图 8-23"设计"选项卡"数据透视表样式"的下拉菜单中选择"清除"选项,则可以全部清除所定义的样式。

🔧 任务实施与检查

1. 任务实施

安排 40 分钟学生上机操作。

2. 任务检查

教师巡视检查,解答学生问题。

3. 任务评价

(1)教师评价:

任务操作及内容	任 务 评 价
一、创建多种财务透视表	
二、设计财务数据透视表	
总　　评:	

（2）学生自评：

任务操作及内容	任务完成情况
一、创建多种财务透视表	
二、设计财务数据透视表	
总　　评：	
问题与解疑：	

任务三　财务数据透视分析

一、调整字段设置

任务驱动

（1）显示数据为百分比；
（2）显示平均值汇总。

知识链接

如何进行数据透视分析？

在报表处理过程中，经常需要对报表中的数据进行各种汇总计算。例如，在销售管理方面，需要定期对销售情况进行分类汇总；有时还需要将多个报表进行合并计算；而对于更高层次的管理人员，可能需要从不同的分析角度，对同一张报表根据不同的指标进行分类汇总。这一过程被形象地称为"透视分析"。

基本步骤

通过前面章节的学习，已经可以建立多种分析角度的数据透视表，还可以利用数据透视表强大的数据分析功能，对得到的汇总结果进行分析查看。

在"选项"选项卡"活动字段"组中有"字段设置"按钮，如图 8-26 所示。单击这个按钮后会出现一个对话框。如果之前操作时选择的是"行标签"、"列标签"或"报表筛选"字段，该对话框中将显示如图 8-27 所示的"字段设置"对话框；如果之前操作时选择的是"数值"汇总字段，将显示如图 8-28 所示的"值字段设置"对话框。

图 8-26　活动字段

图 8-27　"字段设置"对话框　　　　图 8-28　"值字段设置"对话框

1. 显示百分比

在图 8-15 的透视表中能分析出各个产品销售额的绝对值,如果要了解各个产品在销售额中所占的百分比,应该怎样操作才能让透视表实现该功能呢?根据财务知识,需计算每种产品销售额比重,应该将某个月份该产品的销售额除以当月销售总额。如用销售一科的 1 月份销售额 399 050 元除以当月销售总额 2 000 550 元,就可以计算出结果。使用透视表即可实现该功能,在"值字段设置"对话框中单击"值显示方式选项卡",将"值显示方式"由原来的"普通"改成"占同列数据总和的百分比"。如图 8-29 所示,修改后的报表显示内容如图 8-30 所示。

如果想要对生成报表的数据显示格式进行设置,可以在图 8-29 中所示的"数字格式"里进行修改。

2. 显示平均值汇总

数据透视表可以提供多种汇总计算方式。要显示每个销售科室每种产品销售的平均值,可以在"值字段设置"对话框中,选择"汇总方式"选项卡,在"计算类型"列表中选择"平均值"。

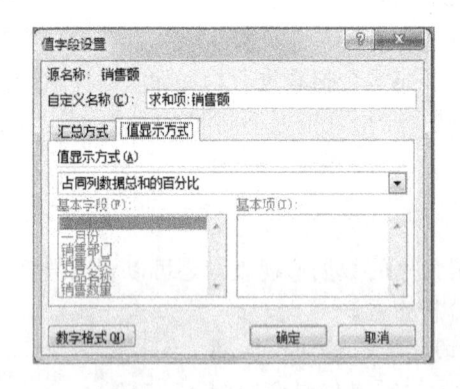

图 8-29 修改"值显示方式"　　图 8-30 修改后的报表显示内容

💡 小贴士

值字段设置的另一种便捷操作方式

将光标定位在数据透视表内任意位置,右击,选择"数据汇总依据"菜单,即可以方便快捷地对值字段的计算方式进行"求和"、"计数"、"平均值"、"最大值"、"最小值""乘积"等设置。选择"数据汇总依据" | "其他选项"菜单后,将弹出"值字段设置"对话框,在其中即可进行值字段的设置。

二、应用数据比较分析工具

🧍 任务驱动

(1) 对销售数据排序;
(2) 利用条件格式增强报表可视性;

（3）定制双色色阶条件格式。

知识链接

Excel 的条件格式

在设定单元格数据的格式时，可以使用条件判断的方式，使单元格数据自动进行格式更改。条件格式可以在很大程度上改进电子表格的设计和可读性，允许指定多个条件来确定单元格的行为，根据单元格的内容自动地应用单元格的格式。使得报表阅读者可以更清晰地理解数据。

基本步骤

数据透视表除了报表结构清晰的优点外，还可以利用数据分析工具进行数值大小比较与分析，想要更深层次地了解分析数据，还需要使用数据透视表的数据排序、条件格式和筛选功能。

1. 销售数据排序

"选项"选项卡中还提供了"排序"工具。可以将光标定位到要排序的列中，单击"排序"按钮即可对该列进行排序，如图 8-31 所示。将图 8-15 的透视表按降序排序，排序后结果以 A 产品为例，如图 8-32 所示。

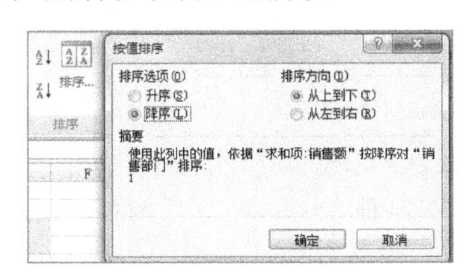

图 8-31 "排序"工具

图 8-32 A 产品排序结果

2. 利用条件格式增强报表可视性

Excel 中的条件格式功能更为强大，可以更加专业地展示各类财务数据。使用条件格式可以直观地查看和分析数据、发现关键问题以及识别变化趋势。突出显示所关注的单元格或单元格区域、强调异常值；使用数据条、颜色刻度和图标集来直观地显示数据。在数据透视表得到的统计数据基础上也可以使用条件格式，为报表提供更加直观的数据展示。

（1）使用数据条设置单元格的格式。

利用数据条可以查看某个单元格相对于其他单元格的值。数据条的长度代表单元格中的值，数据条越长，表示值越高，反之，表示值越低。在比较大量数据（如企业多种产品中销量最好的和销量最差的）中的较高值和较低值时，数据条尤其有用。

假如红心公司郑州分公司的总经理想要对 A 产品第一季度的销售额进行分析，依据在图 8-15 所示的数据透视表中 A 产品 1 月到 3 月的销售额数据，先在如图 8-15 所示的透视表中选择 1~3 月 A 产品的销售额数据，然后单击 Excel 上方功能区中的"开始"选项卡，在"样式"组中单击"条件格式"按钮,再单击"数据条"命令,选择合适的格式,操作过程如图 8-33 所示。

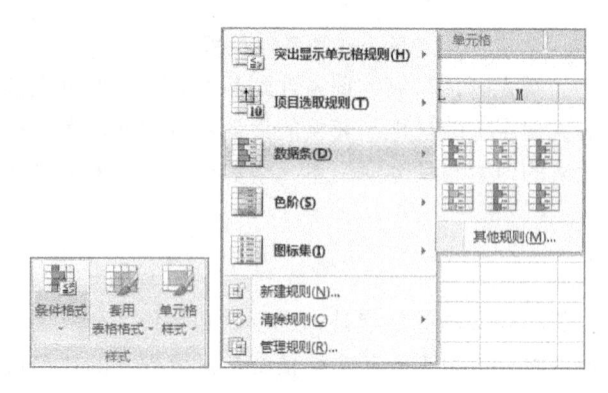

图 8-33 操作过程

应用完条件格式后,在表格右下角还有一个如图 8-34 所示圈出的标记,单击后可以看到应用条件格式的规则提示,如图 8-34 所示。

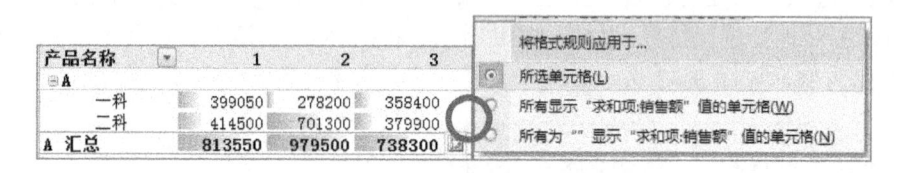

图 8-34 应用条件格式的规则提示

从图 8-34 能明显看出,A 产品在 2 月份销售最好,销售好是公司销售二科的功劳,因为二科在 2 月创造了第一季度最好的 A 产品销售成绩,但这一成绩在 3 月下降较迅速,但整体来说,销售二科比销售一科销售 A 产品的成绩要好得多。

(2)使用双色刻度设置单元格的格式。

颜色作为一种直观的指示,有助于了解数据分布和数据变化。双色刻度使用两种颜色的深浅程度还比较某个区域的单元格数值。颜色的深浅代表数值的高低。例如,在程序提供的黄—绿色阶的双色刻度中,较高值单元格颜色黄色较深,而较低值单元格颜色更绿。双色刻度通过"条件格式"中的"色阶"命令实现。

仍以一图 8-15 所示的透视表为例,选择三种产品三个月的销售额,单击"条件格式"按钮,单击"色阶"命令,在下拉菜单中选择最后一个"黄绿色阶",如图 8-35 所示。

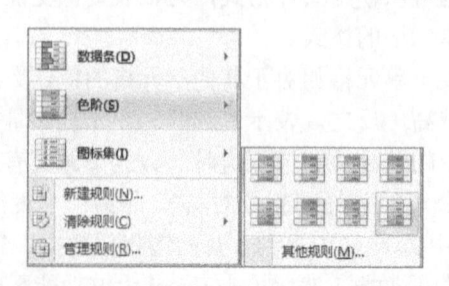

图 8-35 色阶

设定后原透视表变为如图 8-36 所示,单元格颜色发生了变化,其中数值越大的数据黄色越深,数值越小的数据绿色越深。这样在众多数据中,占比例较大的数据将比较容易引起注意,数量大小可以很直观地展现出来。从图 8-36 中一下子就可以看出 A、B 两产品的销售成绩要优于 C 产品。A 产品单月销售最佳成绩是 2 月由销售二科创造的,而销售一科销售 B 产品的成绩更好。二科则在 1 月销售 B 产品时遇到了问题,造成该月 B 产品的销售业绩是第一季度最差的。

如果发现透视表中的颜色应用得不合适,想全部清除,可以选择"条件格式"下拉菜单中的"清除规则"|"清除此数据透视表的规则",如图 8-37 所示。

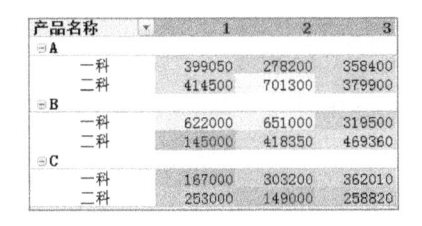

图 8-36 设定后的透视表

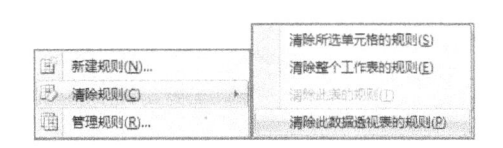

图 8-37 清除规则

3. 定制双色色阶条件格式

双色色阶条件格式可以进行定制。

(1)选择单元格区域,或确保活动单元格在一个表或数据透视表中。

(2)在"开始"选项卡下的"样式"组中,单击"条件格式"下面的箭头,单击"管理规则",将显示"条件格式规则管理器"对话框,如图 8-38 所示。

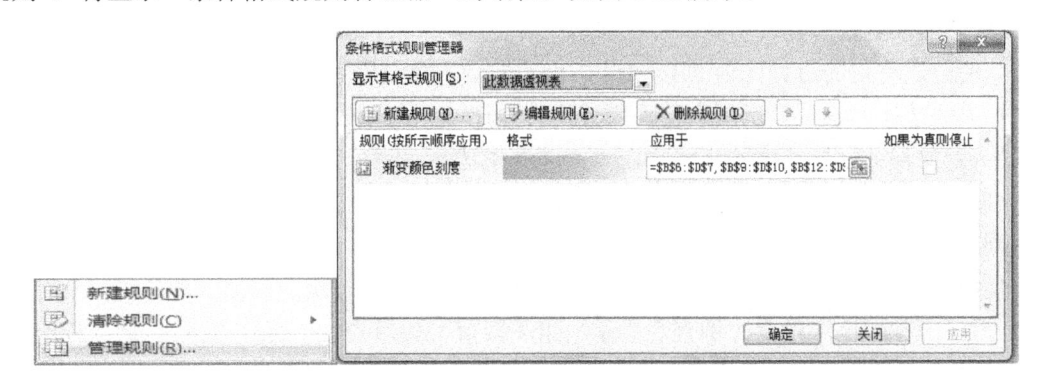

图 8-38 "条件格式规则管理器"对话框

(3)更改条件格式。首先确保在"显示其格式规则"列表框中选择了相应的工作表或"表"对象。也可以采用以下方式更改单元格区:在"应用于"项下面对应的内容旁单击"压缩"对话框以临时隐藏对话框,在工作表中选择新的单元格区域,然后选择"展开对话框"。接着选择规则,单击"编辑规则"将显示"编辑格式规则"对话框,如图 8-39 所示。

(4)在"选择规则类型"下,单击"基于各自值设置所有单元格的格式"。

(5)在"编辑规则说明"下的"格式样式"列表框中,选择"双色刻度"。

161

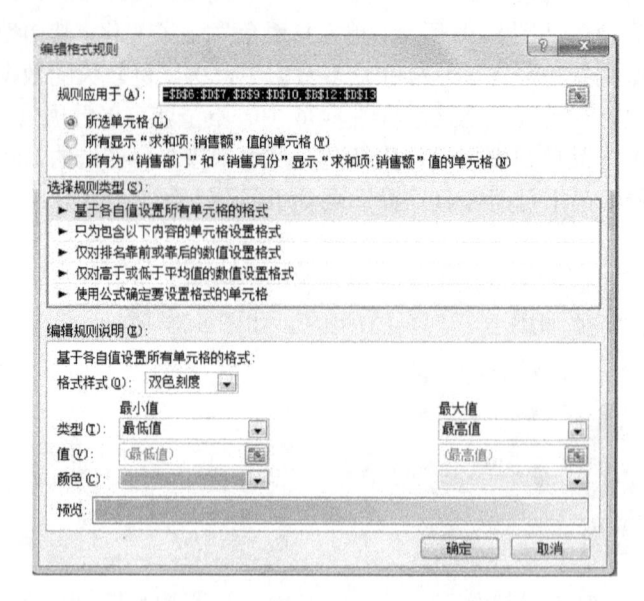

图 8-39 "编辑格式规则"对话框

（6）选择"最小值"和"最大值"的类型。执行下列操作之一：

① 若要设置最低值和最高值的格式，在"类型"中选择"最低值"和"最高值"，此时并不输入"最小值"和"最大值"的值。

② 若要设置数字、日期或时间值的格式，在"类型"中选择"数字"，然后输入"最小值"和"最大值"的值。

③ 若要设置百分比的格式，在"类型"中选择"百分比"，然后输入"最小值"和"最大值"的值，有效的百分比值为 0～100，但不要输入百分号。

如果要按比例直观显示所有值，则使用百分比，因为值的分布是成比例的。

④ 若要设置百分点值的格式，在"类型"中选择"百分点值"，然后输入"最小值"和"最大值"的值，有效的百分比点值为 0～100。注意，如果单元格区域包含的数据点超过 8191 个，则不能使用百分点值。

使用百分点值可以实现，用一种颜色深浅比例直观显示一组上限值（如前 20 个百分点值），用另一种颜色深浅度比例直观显示一组下限值（如后 20 个百分点值）。这两种比例所表示的极值有可能会使数据的显示失真，百分点值则表现得较为全面。

⑤ 若要设置公式结果的格式，在"类型"中选择"公式"，然后输入"最小值"和"最大值"。不被应用，因此最好在工作表中对公式进行测试，以确保公式不会返回错误值。

在前面的所有设置中都可以选择不同的"最小值"和"最大值"类型。例如，最小值可以选择"百分比"类型，最大值选择"数字"类型。

（7）要选择颜色刻度的"最小值"和"最大值"，单击每个刻度的"颜色"，然后选择颜色。如果要选择其他颜色或创建自定义颜色，可以单击"其他颜色"。选择的颜色刻度将在"预览"框中显示出来。

项目八　财务数据透视分析

> 💡 **小贴士**
>
> **快速查看条件分析数据**
>
> 在数据透视图中，可以根据需求快速查看符合条件的分析数据。操作时，可以使用"开始"选项卡下"样式格式"标签下"突出显示单元格规则"和"项目选取规则"菜单来实现。
>
> 例如：红心公司郑州分公司对 A 产品的月销售目标是 33 万元，那么哪个科室在哪个月份没有达标呢？根据图 8-15 透视表所示的数据，选取 A 产品 1~3 月的销售额为分析区域，选中"开始"选项卡，在"条件格式标签"下选择"突出显示单元格规则"，因为是分析哪个数据没有达到销售目标要求，所以选择"小于"功能菜单较好。操作过程如图 8-40 所示。在跳出的对话框中输入数值"330000"，如图 8-41 所示。

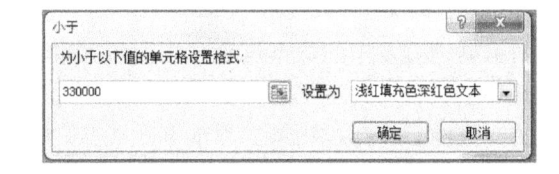

图 8-40　操作过程　　　　　　　　图 8-41　输入数据"330000"

筛选后 A 产品销售额透视表则显示为如图 8-42 所示。能迅速看到没有达到销售目标要求的数据。

图 8-42　A 产品销售额透视表

三、实现分组显示

> 👤 **任务驱动**

按销售人员对透视表分组显示。

> 📖 **知识链接**
>
> **如何进行数据透视表数据分组**
>
> 对数据透视表中的数据进行分组可以帮助用户显示要分析的数据的子集，某些情况下，源数据的一些问题会导致透视表数据无法分组。造成无法进行数据透视表分组显示的原因有：组合字段的数据类型不一致；日期数据格式不正确；数据源引用区域失效。

163

1. 组合字段数据类型不一致导致无法分组

当分组字段的数据类型不一致时将导致无法分组，这是众多出现无法分组的根本原因，常见的有以下几种情况：

（1）组合数据项中存在空白；
（2）分组字段数据中日期型或数值型数据与文本型的日期或数字并存；
（3）数据透视表引用数据源时，采取了整列引用方式。

整列引用包括了数据源以外的大量空白区域，导致字段类型不一致。

2. 日期格式不正确导致分组失败

（1）日期为文本，如"2017－01－09"。
（2）日期格式错误，如"2017.01.09"。

3. 数据引用区域失效导致分组失败

当数据透视表的数据源表页被删除或引用外部数据源不存在时，数据透视表引用区域会保留一个失效的数据引用区域，从而导致无法分组。

基本步骤

对数据透视表中的数据进行分组可以帮助用户显示要分析的数据的子集。假如分公司总经理想要了解公司新进销售人员工作情况，而公司销售部有六名销售人员，分别是销售一科的赵勇、张丽、许江，销售二科的李欣、张琳、杨威。这六个人中，销售一科的许江和张丽是新加入公司的销售员，其余几人是公司的老员工。怎样使用透视表分析老员工和新进人员的销售业绩呢？可以使用数据透视表分组显示的功能来实现。

1. 建立销售人员数据透视表

为了方便分析，先按照销售人员为关键字建立数据透视表，如图 8-43 所示。

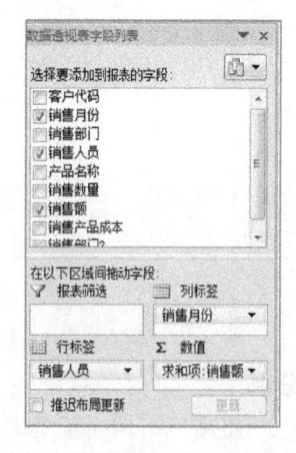

图 8-43 建立销售人员数据透视表

图 8-44 生成效果

行标签	1	2	3	总计
李欣	384400	569800	399480	1353680
许江	330000	466900	531210	1328110
杨威	151000	462050	267500	880550
张丽	350000	449400	98000	897400
张琳	277100	236800	441100	955000
赵勇	508050	316100	410700	1234850
总计	2000550	2501050	2147990	6649590

将"销售人员"拖入字段列表的"行标签","销售月份"拖入数据列表的"列标签",将销售额拖入"数值"汇总栏。设定后生成一张按销售人员统计分析的销售情况表,如图 8-44 所示。如何将其中的新进销售人员许江和张丽的销售数据单独分开查看呢?

2. 分组设定及分组显示数据

(1) 设定需分组的销售人员。

需要在行标签这列下选中"许江"和"张丽"。选择时按住键盘的【Ctrl】键选择"许江"、"张丽"。然后在数据透视表工具下的"选项"选项卡中,单击"分组"工作组的"将所选内容分组"菜单,如图 8-45 所示。

此时在图 8-44 的透视表中,在李欣的数据下方出现了"数据组 1",可以看到,许江和张丽的销售数据放在了"数据组 1"中,如图 8-46 所示。

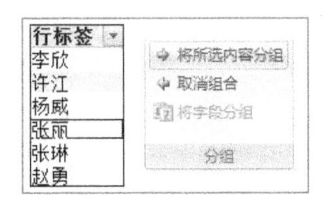

图 8-45 分组设定 1

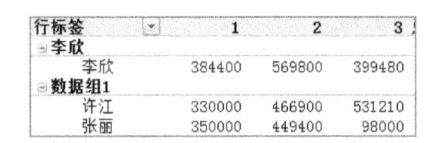

图 8-46 分组设定 2

(2) 新进人员的数据单独被分组显示出来了,但是报表中其他销售人员销售数据仍有些杂乱。根据总经理需要,我们可以将"老员工"的数据再进行一次分组。操作时和上一步相似,先在"行标签"列按住【Ctrl】键并单击选择其他销售人员,再对所选内容进行分组。经过两次分组后,可以得到如图 8-47 所示的报表。该表很清楚地将新进人员销售业绩情况在"数据组 1"进行列示。

图 8-47 分组设定 3

(3) 更改分组名称。对于阅读如图 8-47 所示报表的人来说,"数据组 1"和"数据组 2"的名称并不直观,不便于数据分析。所以我们需要对分组的组名进行修改,使其易于被报表使用者理解。操作时,将光标点中"数据组 2"数据单元格,按键盘【F2】键后,光标在单元格内闪烁,此时直接将"数据组 2"名称改为"原有销售人员"即可。

🎯 **小贴士**

如何取消组合已分组的数据

如果不希望再对数据进行分组,只需右击分组数据中的任何字段,然后单击"取消组合"命令。在上例中,用鼠标单击图 8-47 中"数据组 2"或者"数据组 1",右击后选择"取消组合"即可，或者在如图 8-45 所示的"分组"工作组中单击"取消组合"选项。

如果取消组合数值或日期和时间字段，所有组将取消组合。如果取消组合所选项的组，则仅取消组织所选项。在字段的所有组都取消组合之前，不会从字段列表中删除组字段。

四、应用数据透视图

任务驱动

使用数据生成数据透视图。

知识链接

数据透视图以图形的形式表示数据透视表中的数据。如数据透视表一样，数据透视图的布局和数据也可以更改。数据透视图通常有一个使用相应布局的两个报表中的字段相互对应。如果更改了某一报表的某个字段位置，则另一报表中相应字段位置也会改变。

基本步骤

（1）选择"按销售人员汇总"的报表（如图 8-44 所示），单击数据透视表"工具"选项卡中的"数据透视图"按钮，如图 8-48 所示。

图 8-48 "工具"选项卡

（2）在出现的"插入图表"对话框中，选择"折线图"类型，单击"确定"按钮，如图 8-49 所示。

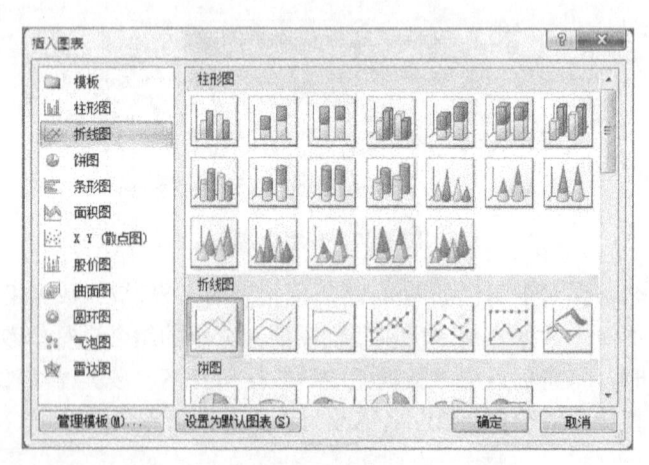

图 8-49 插入图表

（3）此时工作表上增加了数据透视图和对应的"数据透视图筛选窗格"，如图 8-50 所示。

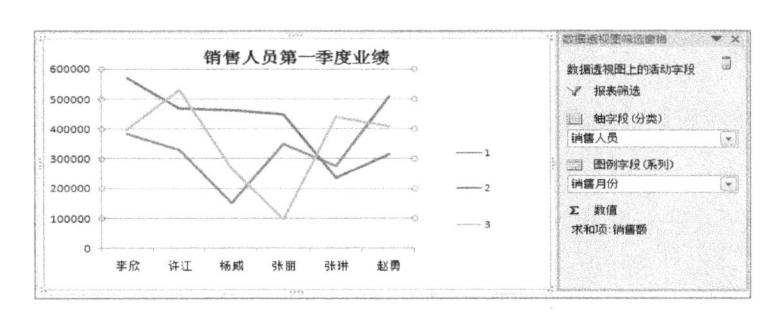

图 8-50　生成效果

> ◎ **小贴士**
> 与数据透视图对应，在 Excel 的功能区上出现了"数据透视图工具"，包括"设计"、"布局"、"格式"、"分析"选项卡。可以通过这些工具对图表进行设计，方法与设计数据透视表的格式类似，不再赘述。

任务实施与检查

1．任务实施

安排 60 分钟学生上机操作。

2．任务检查

教师巡视检查，解答学生问题。

3．任务评价

（1）教师评价：

任务操作及内容	任 务 评 价
一、调整字段设置	
二、应用数据比较分析工具	
三、实现分组显示	
四、应用数据透视图	
总　　评：	

（2）学生自评：

任务操作及内容	任务完成情况
一、调整字段设置	
二、应用数据比较分析工具	
三、实现分组显示	
四、应用数据透视图	
总　　评：	
问题与解疑：	

边学边练

1. 根据表 8-1 资料，按产品创建数据透视表。

要求：（1）对销售数量、销售额、销售产品成本、销售毛利进行汇总计算。并将生成的数据透视表命名为"产品销售额分析"。将透视表默认的字段名"求和项：销售数量"改为"销售数量合计"，将"求和项：销售额"改为"销售额合计"，将"求和项：销售产品成本"改为"销售产品成本合计"。汇总项在数据底部。

2. 根据练习 1，建立"销售部门"筛选项，显示销售一科的销售数据。

3. 根据表 8-1 资料，按销售人员建立数据透视表。

要求：采用表格形式，显示 1~3 月各销售人员的销售额，不显示分类汇总，不显示总计，销售额用黄色数据条显示，并找出"销售状元"。红心公司每月各销售人员的销售目标是 30 万元，红色显示达到该标准的销售人员业绩。

4. 将练习 3 的报表用百分比显示。

5. 根据练习 1，将 A、C 产品分为一组，命名为"产品组 1"，分组显示透视表。

6. 将每种产品的销售毛利用饼状透视图表示，将该图命名为"产品销售毛利分析图"。

第四篇 综合技能训练

项目九

综合实训

学习目标

- ❖ 熟练掌握常用表格设计。
- ❖ 熟练运用工具定义运算公式。
- ❖ 掌握财务数据管理与透视分析。
- ❖ 掌握财务数据图表应用。

任务目标

- ❖ 各类常用财务表格设计。
- ❖ 综合技能训练。

实训一　图书借阅表（查找与判断）

如图 9-1 所示，按要求完成运算：

（1）对"日期"列 C4:C23 区域设置数据有效性为：日期，介于 2013-1-1 至 2015-12-31，输入提示信息：提示；按 CTRL+；

（2）"借阅人"列能根据"工号"列自动从 SHEET2 工作表的 B4：B6 区域中查询出来。公式能拖拉至 D23 单元格，且能防止出现"#N/A"。

（3）"图书名称"列能根据"书号"列自动从 SHEET3 工作表的 C4：D7 区域中查询出来。公式能拖拉至 G23 单元格，且能防止出现"#N/A"。

（4）"数量"列 H4:H23 区域设置数据有效性：整数，介于 1 至 3 之间，输入提示信息：提示；只能输入 1~3；

（5）"最迟归还日期"列为"借阅日期"后的第 30 天，要求能自动运算出来，公式拖位至 I23 单元格，且能防止出现错误日期。

（6）"到期提示"能通过运算完成，要求如下：离最迟归还日期大于 3 天时，显不为空白；离最迟归还日期 1~3 天时，显示为"快到期"；在最迟归还日期时，显示"到期"；过期时，显示"过期"。同时注意提前还时显示为空白。

图 9-1　图书借阅表

原题、答案及视频讲解

实训二　表格格式设计与数字运算

1. 现金收入凭证

新建 Excel 文件，命名为"现金收入凭证"。制作如图 9-2 所示表格（不能直接复制本图）。

图 9-2　现金收入凭证

原题及答案

2. 商业发票

新建 Excel 文件，命名为"郑州市商业零售专用发票"。制作如图 9-3 所示表格（不能直接复制本图）。

图 9-3　商业发票

原题、答案及视频讲解

实训三　人事资料工号运算（文本运算）

如图 9-4 所示表格，按要求完成运算：

员工更改新工号，填写在新工号列，新工号要求：如为 1999 年 1 月入厂的。是 A-和 001 不变，编号变成：A-9901001。原工号"-"前内容保留不变。提取工人进厂年份的后两位，之后是月。原工号后三位改为流水编号：即 001，002，等等。特殊号（工号长度小于 5）为临时工工号，保持不变。

序号	工号	原工号"-"所在位置	原工号"-"及前内容	原工号后三位	取得进厂年月	排除特殊号后的新工号	聘用日期	姓名	部门	离职日期
1	A-001	2	A-	001	9901		1999/1/1	陈少锋	19	01
2	A-002	2	A-	002	9912		2004/12/17	黄草莲	19	12
3	A-003	2	A-	003	9908		2008/8/22	贾丛岩	17	08
4	A-004	2	A-	004	9906		1999/6/8	苏芳友	19	06
5	A-005	2	A-	005	9903		1999/3/24	陈小芝	19	03
6	A-006	2	A-	006	9908		1999/8/30	杨丽晖	19	08
7	A-007	2	A-	007	9905		1999/5/4	陈俊兄	19	05
8	A-008	2	A-	008	9905		1999/5/12	刘永钢	19	05
9	A-009	2	A-	009	9904		2007/4/10	纽月红	17	04
10	A-010	2	A-	010	9901		2009/1/10	王新军	13	01

图 9-4　人事资料

原题、答案及视频讲解

实训四　工资表数据管理（排序、筛选和分类汇总）

1．工资表数据管理（排序）

表格如图 9-5 所示，按要求排序。

编号	部门	姓名	性别	职务	基本工资	奖金	补助	扣款	工资总额	个人所得	实得工资	序号
0100001	经理室	彭青泉	男	经理	1500	200	150	-50	1800	180	1620	1
编号	部门	姓名	性别	职务	基本工资	奖金	补助	扣款	工资总额	个人所得	实得工资	2
0500001	生产部	杜文青	男	部长	1200	200	150	-50	1500	150	1350	3
编号	部门	姓名	性别	职务	基本工资	奖金	补助	扣款	工资总额	个人所得	实得工资	4
0200003	科技部	周斌	男	部长	1000	200	150	-50	1300	130	1170	5
编号	部门	姓名	性别	职务	基本工资	奖金	补助	扣款	工资总额	个人所得	实得工资	6
0200001	科技部	马同峰	男	职员	500	200	150	-50	800	80	720	7
编号	部门	姓名	性别	职务	基本工资	奖金	补助	扣款	工资总额	个人所得	实得工资	8
0200002	科技部	黄胜亮	男	职员	500	200	150	-50	800	80	720	9
编号	部门	姓名	性别	职务	基本工资	奖金	补助	扣款	工资总额	个人所得	实得工资	10

图 9-5　工资表排序

原题、答案及视频讲解

2. 工资表数据管理（筛选）

表格如图 9-6 所示，按要求筛选。
按要求筛选出所有的部长或所有的女员工。

编号	部门	姓名	性别	职务	基本工资	奖金	补助	扣款	工资总额	个人所得	实得工资
0600001	财务部	艾芳	女	会计	500	320	180	-80	920	92	828
0500001	生产部	杜文育	男	部长	1200	200	100	-50	1450	145	1305
0100002	经理室	胡丽丽	女	经理助理	700	200	200	-50	1050	105	945
0500006	生产部	刘斐	女	统计员	600	100	150	-40	810	81	729
0300004	人事部	任双玲	女	职员	500	200	70	-50	720	72	648
0200003	科技部	周斌	男	部长	1000	200	150	-10	1340	134	1206
0600002	财务部	庄凤仪	女	部长	1000	240	150	-50	1340	134	1206

图 9-6　工资表筛选

原题及答案

3. 工资表数据管理（分类汇总）

表格如图 9-7 所示，按要求分类汇总。
按要求，分类汇总求出各部门中男、女员工的人数。

编号	部门	姓名	性别	职务	基本工资	奖金	补助	扣款	工资总额	个人所得税	实得工资
0600001	财务部	艾芳	女	会计	500	200	180	-50	830	83	747
0600002	财务部	庄凤仪	女	部长	1000	200	150	-50	1300	130	1170
		女 计数		2							
0600003	财务部	许东军	男	出纳	500	100	150	-50	700	70	630
0600004	财务部	王川	男	会计	500	120	150	-50	720	72	648
		男 计数		2							
	财务部 计数			4							

图 9-7　工资表分类汇总

原题、答案及视频讲解

173

实训五 销售表透视分析（数据透视分析）

表格如图 9-8 所示，按要求分析：
（1）查看各地区的销售情况。
（2）将员工分配到合适的公司，并写明理由。
（3）将各地区选一名适合的主管，并写明理由。
（4）将各产品选一个主管，并写明理由。
（5）找出该书籍销售的淡季和旺季，找出对应月份并写出理由。

	公司名称	地区	员工姓名	产品名称	销售日期	小计
1						
2	北京分公司	华北	甲	Project 2002	2002/6/1	4578
3	北京分公司	华北	甲	Exchange Server 2000	2002/6/1	4009
4	北京分公司	华北	甲	ISA Server	2002/6/1	7701
5	石家庄办事处	华北	甲	ISA Server	2002/6/1	4733
6	石家庄办事处	华北	甲	Office 2000	2002/6/5	3255
7	石家庄办事处	华北	甲	Exchange Server 2000	2002/6/8	3390
8	石家庄办事处	华南	甲	ISA Server	2002/6/12	1066
9	南京办事处	华东	乙	Office 2000	2002/6/2	8257
10	南京办事处	华东	乙	Office 2000	2002/6/2	3516

图 9-8　销售表

原题、答案及视频讲解

实训六 文交所交易额数据分析（数据分析工具）

表格如图 9-9 所示，按要求分析。
利用分析工具对文交所关系度进行分析。

	A	B	C	D	E	F	G	H	I
1	文交所	9月7日	9月8日	9月9日	9月10日	9月11日	9月12日	9月14日	9月15日
2	南京文交所	24.55	23.72	27.94	26.84	31.82	42.98	48.01	34.45
3	南方文交所	9.74	10.06	10	9.04	7.89	10.07	11.39	8.76
4	中南文交所	2.54	2.78	4.25	4.89	4.74	6.53	5.34	4.2
5	华中文交所	3.62	3.08	2.85	3.06	2.68	2.84	3.03	4.41
6	中国艺交所	1.77	1.88	2.03	2.58	2.69	3.68	3.85	3.65
7	**中港**	2.19	2.38	5.58	3.84	4.44	休市	1.61	4.05

图 9-9　文交所交易额

原题、答案及视频讲解

实训七　工资记录打印（打印设置）

表格如图 9-10 所示，按要求设置打印。
（1）设置打印纸张为 A4，方向为横向。
（2）缩放打印比例为 85%。
（3）打印内容在水平与垂直方向均居中。
（4）页眉内容为"某某单位 2012 年度工资表"，居中，黑体，22 磅。
（5）页脚内容为"第×页，共计×页"
（6）在页面右上角添加公司 logo 图片，见文件夹中图片：logo.jog，大小为 2×2cm。
（7）设置第二行为重复标题行。
（8）设置打印区域为 A2：O68，均匀打印，每页打印 33 条数据记录。

姓名	一月	二月	三月	四月	五月	六月	七月	八月	九月	十月	十一月	十二月
陈鹏	800.00	800.00	800.00	800.00	800.00	880.00	880.00	880.00	880.00	880.00	880.00	1180.00
王卫平	685.00	685.00	685.00	685.00	685.00	753.50	753.50	753.50	753.50	753.50	753.50	1053.50
张晓寰	685.00	685.00	685.00	685.00	685.00	753.50	753.50	753.50	753.50	753.50	753.50	1053.50
杨宝春	613.00	613.00	613.00	613.00	613.00	674.30	674.30	674.30	674.30	674.30	674.30	974.30
许东东	800.00	800.00	800.00	800.00	800.00	880.00	880.00	880.00	880.00	880.00	880.00	1180.00
王川	613.00	613.00	613.00	613.00	613.00	674.30	674.30	674.30	674.30	674.30	674.30	974.30
沈克	800.00	800.00	800.00	800.00	800.00	880.00	880.00	880.00	880.00	880.00	880.00	1180.00
艾芳	685.00	685.00	685.00	685.00	685.00	753.50	753.50	753.50	753.50	753.50	753.50	1053.50
王小明	613.00	613.00	613.00	613.00	613.00	674.30	674.30	674.30	674.30	674.30	674.30	974.30
胡海涛	613.00	613.00	613.00	613.00	613.00	674.30	674.30	674.30	674.30	674.30	674.30	974.30
庄凤仪	800.00	800.00	800.00	800.00	800.00	880.00	880.00	880.00	880.00	880.00	880.00	1180.00
沈奇峰	685.00	685.00	685.00	685.00	685.00	753.50	753.50	753.50	753.50	753.50	753.50	1053.50

图 9-10　工资记录打印

原题、答案及视频讲解

实训八　数据图表（图表显示）

1. 表格如图 9-11 所示，按要求制作图表

按要求制作各分公司 1～12 月销售柱形图，如图 9-12 所示。

公司 月份	西工分公司	老城公分司	涧西分公司
一月	60.0	42.0	45.0
二月	32.0	22.4	24.0
三月	40.0	28.0	30.0
四月	41.0	28.7	30.8
五月	42.0	29.4	31.5
六月	48.0	33.6	36.0
七月	37.0	25.9	27.8
八月	37.0	25.9	27.8
九月	45.0	31.5	33.8
十月	56.0	39.2	42.0
十一月	67.0	46.9	50.3
十二月	72.0	50.4	54.0
汇总	599.0	403.9	432.8

图 9-11　分公司销售表

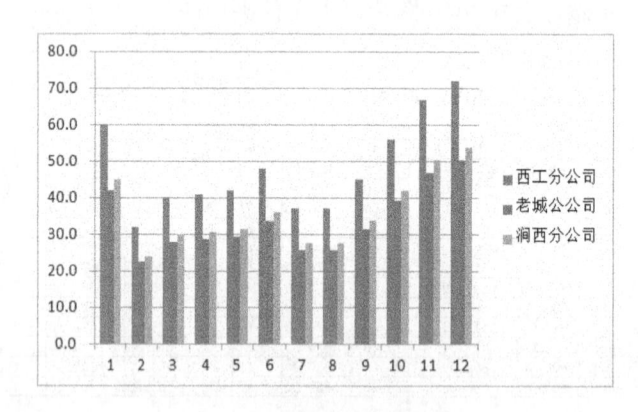

图 9-12　分公司销售柱形图

原题及答案

2．如图 9-13 所示表格，按要求制作图表

按要求制作分公司销售走势图，如图 9-14 所示。

公司 月份	西工分公司	老城公分司	涧西分公司
计划	60.0	42.0	45.0
实际	32.0	22.4	24.0
差额	28.0	19.6	21.0

图 9-13　分公司销售表

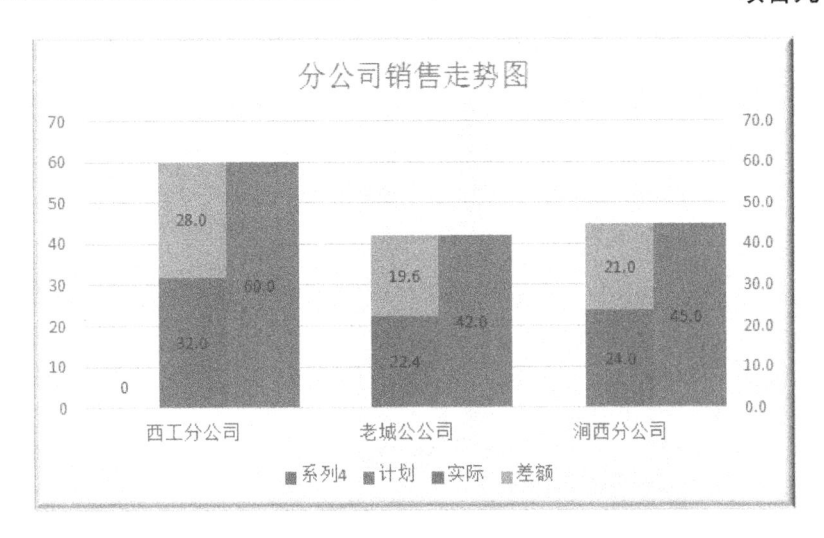

图 9-14 分公司销售走势图

实训九 数据图表（图表显示）

如图 9-15 所示，按要求制作图表：
（1）按要求制作文交所交易额数据饼图，如图 9-16 所示。
（2）按要求制作文交所交易额数据折线图，如图 9-17 所示。

文交所	9月7日	9月8日	9月9日	9月10日	9月11日	9月12日	9月14日	9月15日
南京文交所	24.55	23.72	27.94	26.84	31.82	42.98	48.01	34.45
南方文交所	9.74	10.06	10	9.04	7.89	10.07	11.39	8.76
中南文交所	2.54	2.78	4.25	4.89	4.74	6.53	5.34	4.2
华中文交所	3.62	3.08	2.85	3.06	2.68	2.84	3.03	4.41
中国艺交所	1.77	1.88	2.03	2.58	2.69	3.68	3.85	3.65
中港	2.19	2.38	5.58	3.84	4.44	休市	1.61	4.05
北京福利特	1.74	1.83	1.78	2.12	2.35	休市	2.43	2.45
上海邮币卡中心	3.29	1.62	2.15	3.11	2.05	休市	2.98	2.77
北京金马甲	1.79	1.75	2.19	2.12	1.85	2.07	2.17	2.07
华夏文交所	0.7	1.03	0.62	1.02	1.18	1.56	2.76	3.23
华强文交所			0.66	0.52	1.11	2.15	1.43	1.15
南昌文交所	1.17	0.51	0.87	0.77	0.79	0.58	6.8	0.68
江苏文交所	0.67	0.38	1.04	0.72	0.5	0.87	0.73	0.58
成都文交所	0.052	0.066	0.059	0.069	0.056	0.055	0.059	0.054

图 9-15 文交所交易额数据表

177

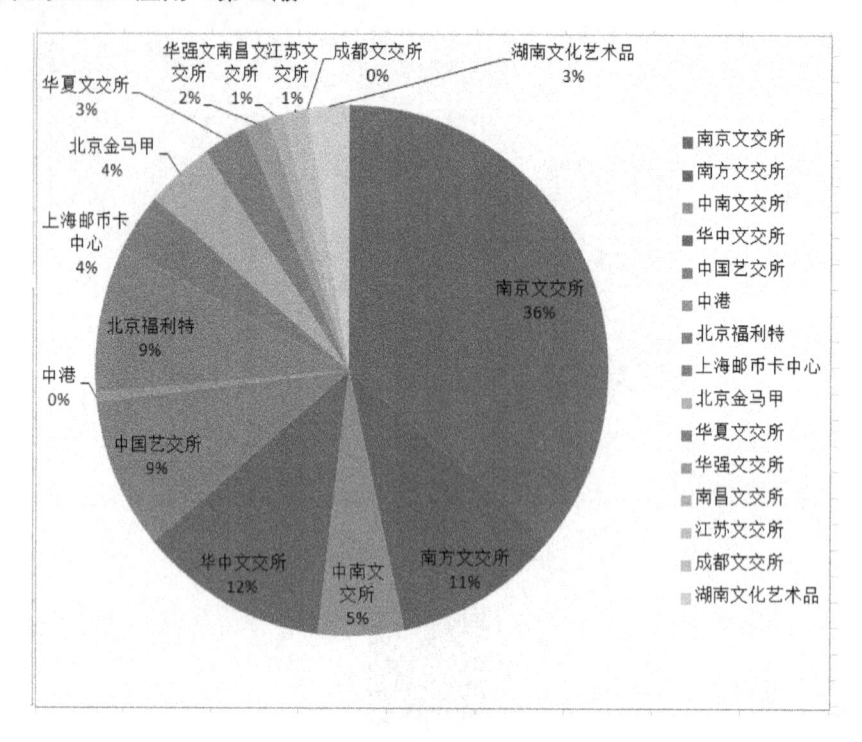

图 9-16　文交所交易额数据饼图

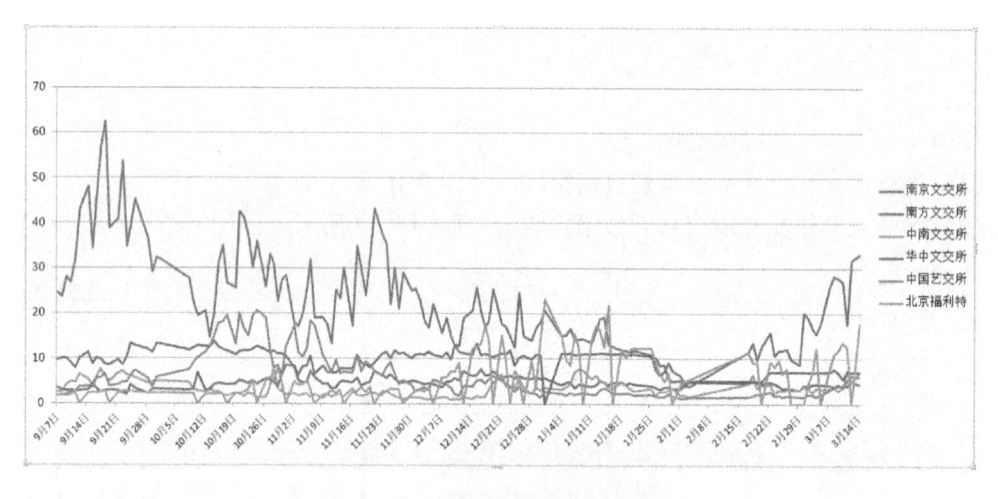

图 9-17　文交所交易额数据折线图

原题、答案及视频讲解

附录 A

2015 年郑州市财经商贸类 Excel 应用技能竞赛试卷

试题一 凭证明细表的运算（25 分）

如图 A-1 所示，按以下要求完成运算：

1. 设置凭证号列数字格式为自定义，"记"000；如示例。（7 分）
2. 设置 D2：D2000 区域有效性为会计科目表中 D4：D92，实现效果即可，不要变动现有数据。（5 分）
3. 设置 E2：E2000 区域有效性为总账科目对应的明细科目，实现效果即可，不要变动现有数据。（8 分）
4. 在 F2 单元格计算 F5：F2000 单元格的和，在 G2 单元格计算 G5：G2000 单元格的和。（2 分）
5. 在 A3 单元格做判断，如借贷合计相等，则显示"恭喜您！借贷合计相等，请继续以下的工作！！"，否则显示"请纠正！！借贷不等，否则自动产生的报表将徒劳无功！"（3 分）

2007年5月凭证明细表							
恭喜您!借贷合计相等,请继续以下的工作!!					4,032,263.23	4,032,263.23	
日期	凭证号	摘 要	总账科目	明细科目	借方	贷方	附件张数
2007/5/1	记001	收到伟成自行车厂货款	银行存款	工商银行	200,000.00		1
2007/5/1	记001	收到伟成自行车厂货款	应收账款	广州伟成自行车有限公司		200,000.00	1
2007/5/2	记002	发给贝明货品	现金	人民币	637.39		2
2007/5/2	记002	发给贝明货品	主营业务收入			544.78	2
2007/5/2	记002	发给贝明货品	应交税金	应交增值税-销项税额		92.61	2

图 A-1 凭证明细表

原题及答案

试题二 记账凭证的运算（50 分）

如图 A-2 所示，按要求完成运算：

1. D4 单元格日期与凭证录入日期相同。（10 分）
2. 凭证号 I5 单元格可调节数字。（6 分）
3. 附件张数与凭证录入表对就号凭证相同。（10 分）
4. 完成摘要、总账科目、明细科目、借方金额、贷方金额的对应运算，E8：K15。（10 分）
5. 完成大写金额合计项，E16 单元格。（10 分）
6. 完成借贷方金额合计，H16，K16 单元格。（4 分）

图 A-2　记账凭证

原题及答案

试题三 科目余额表的运算（10 分）

如图 A-3 所示，按要求完成运算：

1. 完成本期发生额的借贷金额运算，E51：F51。（4 分）

2. 完成期末余额的借贷金额运算，G51：H51。（4分）
3. 完成第54行的合计运算。（2分）

图 A-3　科目余额表

原题及答案

试题四　利润表的运算（15分）

如图 A-4 所示，按要求完成运算：
完成本表运算，公式符合财务要求。（15分）

图 A-4　利润表

原题、答案及视频讲解

附录 B

2016 年郑州市财经商贸类 Excel 应用技能竞赛试卷

试题一　现金收入凭证格式设计（20 分）

新建 Excel 文件，命名《现金收入凭证》。制作如图 B-1 所示表格。不能直接复制本图。

图 B-1　现金收入凭证格式设计

原题及答案

试题二 工资管理表格数据处理（24分）

1．计算"个人所得税"列及"实发工资"列。（"实发工资"="应发工资总额"－"失业保险"－"养老保险"－"住房公积金"；个人所得税的计算参照图 B-2 工作表《个人所得税计算方法》）（5分）。

2．为每行工资记录添加工资表头行。（5分）

3．为每行添加标题"××电子公司工资条"及"年月：2015年1月"。（格式如图 B-3 所示）（6分）

4．完成的表格数据打印设置及调整：打印区域为 A1:P817，共 816 条数据，每页 4 条，纸张为 A4 纸，方向横向，共打印 404 页。（8分）

图 B-2 个人所得税税率表

图 B-3 工资条表头

试题三 表格数据运算（56分）

（一）在图 B-4 商品销售表中完成如下运算：

1．"日期"单元格能自动填写当天日期，显示格式为：XXXX年X月X日。（2分）

2．"客户"对应单元格，使其从图 B-5 客户表中"客户"列选择，且使下拉选项中的内容随客户的增减而自动变化；如手工输入其它客户，则出现错误提示"你输入的客户不存在，如为新客户，请在客户表中添加。"（4分）

3．商品编号列中，使其从图 B-6 商品及库存表中"商品编号"列选择，且使下拉选项中的内容随客户的增减而自动变化；如手工输入其他商品编号，则出现错误提示“你输入的商品不存在，如为新商品，请在《商品及库存表》中添加。”（4 分）

4．设置“商品编号”列，当对应编号商品在《商品及库存表》中“库存量”为零时，单元格显示为红色底纹。（6 分）

5．根据“商品编号”自动计算出“商品名称”、“规格”、“单位”等信息，且在“商品编号”列为空时同样为空。（6 分）

6．设置“数量”列为整数，1-商品库存量之间，如超出，显示为“你输入的数量与库存不符，请核实”。（4 分）

7．设置“金额”列为“单价”*“数量”，“商品编号”为空时同样显示为空。（4 分）

8．设置“折扣”列值限制为小数，0-1 之间，并给出输入提示：“小数，0-1 之间”。（2 分）

9．完成“净金额”栏及小写金额“合计”中的数字填写运算（“净金额”=“金额”*“折扣”，手工填写无效）。（8 分）

10．完成“大写”金额的填写运算，与合计金额对应，并实现汉字大写。（4 分）

11．合计金额运算实现四舍五入功能（因舍位引起不平衡不计）。（4 分）

（二）在《商品及库存表》中完成如下运算：

12．根据图 B-7《入库表》、图 B-8《出库表》计算各商品的“入库数量”、“出库数量”、“库存量”，且《商品编号》列为空时，各列也为空。（8 分）

（请勿修改文件中其他数据内容）

商品销售

日期：　2017年5月7日　　　客户：　河南省大宇商贸有限公司

商品编号	商品名称	规格	单位	数量	单价	金额	折扣	净金额								
								百	十	万	千	百	十	元	角	分
10001	书包	大	个	3	100	300.00	0.70					2	1	0	0	0
10002	衣服	中	件	2	50	100.00	0.80						8	0	0	0
10003	鞋子	小	双	2	20	40.00	0.95						3	8	0	0
合计												3	2	8	0	0
大写		百		十	万	仟	叁	百	贰	拾	捌	元	零	角	零	分

录入：　　　　收银：

图 B-4　商品销售表

客户编号	客户	客户地址	联系人	邮政编码	联系方式	QQ	微信号
01001	河南省大宇商贸有限公司	郑州金水区纬一路2号	张宣	4500001	13526471247	2145784567	13526471247
01001	郑州环亚商品批发有限公司	郑州黄河路288号2号楼5楼501	王万全	4500001	13625478457	32547854751	13625478457
01001	河南省回家商贸有限公司	郑州经开区第三大街153号	李明宇	450003	13845621475	654217854	13845621475

图 B-5　客户表

	A	B	C	D	E	F	G
1	商品编号	商品名称	规格	单位	入库数量	出库数量	库存量
2	10001	书包	大	个	9	6	3
3	10002	衣服	中	件	3	1	2
4	10003	鞋子	小	双	4	2	2

图 B-6　商品及库存表

附录 B 2016 年郑州市财经商贸类 Excel 应用技能竞赛试卷

商品代码	商品名称	规格	单位	购货数量	单价	金额	日期	录入
10001	书包	大	个	6	4	4		
10002	衣服	中	件	2	5	10		
10003	鞋子	小	双	3	6	18		
10001	书包	大	个	1	10	10	2008/7/25	
10002	衣服	中	件	1	10	10		
10003	鞋子	小	双	1	10	10		
10001	书包	大	个	2	50	100	2008/7/25	

图 B-7 入库表

商品代码	商品名称	规格	单位	销售数量	销售单价	金额	折扣	销售净额	客户	日期	录入	收款
10001	书包	大	个	3	100	300	0.95	300	aa	2008/7/25	zz	yy
10002	衣服	中	件	1	50	50	0.88	50		2008/7/26		
10003	鞋子	小	双	2	20	40	0.92	40		2008/7/27		
10001	书包	大	个	3	23.25	69.75	0.85	68.9		2016/4/20	zz	yy

图 B-8 出库表

原题及答案

185

附录 C

2017 年郑州市财经商贸类 Excel 应用技能竞赛试卷

试题一 报销单格式设计（15 分）

新建 Excel 文件，命名为"试题 1 结果"，制作如图 C-1 所示的表格，不能直接复制本图。

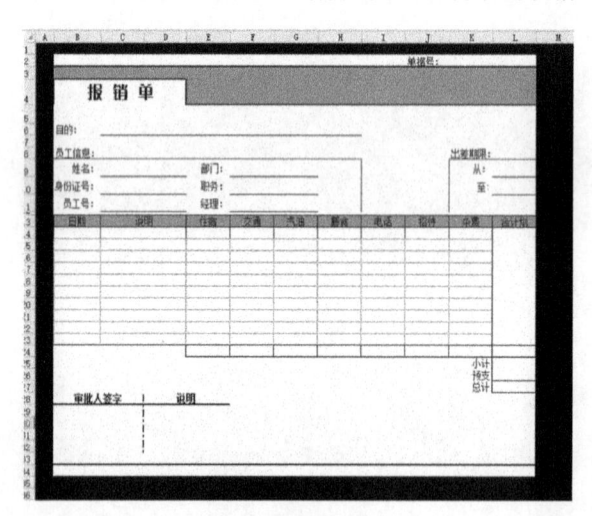

图 C-1 报销单格式设计

原题及答案

试题二 工资管理表格数据处理（52分）

通过说明或图示，完成如下运算或处理，请不要更改已经给出的表格数据：

（1）【部门】——通过【人事资料】表查询得到。（4分）

（2）【基本工资、岗位固定工资】——通过【人事资料】表与【基本工资与岗位工资】表查询得到。（10分）

（3）【工龄工资】——通过【人事资料】表的【聘用日期】计算得到（注意月份，即达到相应的月份才计入年，如2002年5月入职，在2015年6月才有13年的工龄工资），工龄工资为50元/年。（12分）

（4）【应发工资总额】——基本工资+岗位固定工资+岗位绩效工资+工龄工资+奖金-扣款。（2分）

（5）【医疗保险】——上年职工月平均工资*0.02（1分）

【失业保险】——上年职工月平均工资*0.01（1分）

【养老保险】——上年职工月平均工资*0.08（1分）

【住房公积金】——上年职工月平均工资*0.12（1分）

注：上年职工月平均工资3165.4元。

（6）个人所得税计算（8分）

个人所得税税率表如图C-2所示。

级数	应纳税所得额（含税所得额）	税率%	速算扣除数（元）
一	不超过500元	5	0
二	超过500元至2000元	10	25
三	超过2000元至5000元	15	125
四	超过5000元至20000元	20	375
五	超过20000元至40000元	25	1375
六	超过40000元至60000元	30	3375
七	超过60000元至80000元	35	6375
八	超过80 000元至100000元	40	10375
九	超过100000元	45	15375

图C-2 个人所得税税率表

注：个人所得税的起征点为：3500元。

应纳税所得额：应发工资总额-3500。

个人所得税算法：应纳税所得额×税率%-速算扣除数。

（7）实发工资合计=应发工资总额-医疗保险-失业保险-养老保险-住房公积金（2分）

（8）为便于打印，请为表格数据添加如图C-3所示的表头。（10分）

XX电子公司工资条									年月：2015年1月				
工号	姓名	部门	基本工资	岗位固定工资	岗位绩效工资	工龄工资	奖金	扣款	应发工资总额	失业保险	养老保险	医疗保险	住房公积金	个人所得税	实发工资合计

图C-3 工资条表头

试题三 财务数据图表应用（10分）

（1）根据图 C-4 给出的数据表，制作如图 C-5 所示的复合图表，要求：百分比小于 2% 的在第二图表区。（5分）

（2）如图所示设置图表标签。（3分）

（3）添加如图所示图表标题。（2分）

（请不要更改已经给出的表格数据，直接复制图片不得分）

	A	B
1	文交所	合计
2	南京文交所	3223.99
3	南方文交所	948.5
4	中南文交所	475.9
5	华中文交所	1071.23
6	中国艺交所	829.1
7	中港交易所	47.51
8	北京福利特	795.92
9	上海邮币卡中心	329.58
10	北京金马甲	376.65
11	华夏文交所	258.94
12	华强文交所	138.43
13	南昌文交所	82.58
14	江苏文交所	131.16
15	成都文交所	11.57
16	湖南文化艺术品	235.492
17	南宁文交所	32.322
18	阿特多多艺术品	13.095
19	天津文交所	59.67

图 C-4 交易所数据

图 C-5 2016 年交易所金额图

试题四 财务数据透视表应用（23分）

根据 Sheet1 表中的明细数据，如图 C-6 所示，制作每日每行收入支出汇总。要求：

1. 金额正值为收入，负值为支出。（5分）
2. 显示方式如图 C-7 所示。（4分）
3. 统计后的收入与支出中，收入最大的三项显示为浅红色填充，深红色文字，支出中最小的三项显示为浅绿色填充，深绿色文字。（4分）
4. 透视表的数据源可随 Sheet1 中的数据同步增加与减少。（10分）

（请不要更改已经给出的表格数据）

图 C-6　透视表数据源

图 C-7　数据透视表

附录 D

2017 年郑州市 Excel 应用技能竞赛方案

一、Excel 应用竞赛内容及具体说明

（一）竞赛软件要求

上机操作利用办公自动化软件 MICROSOFT OFFICE 2010 中的中文 EXCEL 2010 电子表格软件。

（二）竞赛内容

1. 表格数据标准化与规范化
（1）使用 Excel 的正确理念和注意事项
（2）表格的整理与规范
（3）数据的输入与格式设置
（4）利用有效性控制规范数据输入
（5）数据的排序、筛选与分类汇总

2. 各类函数和公式的使用方法、技巧
（1）公式和函数的基本使用方法及注意事项
（2）复杂的数据判断与逻辑函数
（3）日期与时间函数的使用
（4）查找与引用函数（VLOOKUP、INDEX、MATCH、INDIRECT、OFFSET、ROW、COLUMN 函数等）
（5）财务类函数（PV、FV、PMT、RATE 等）
（6）实用的基于函数制作的应用模版

3. 利用数据透视表分析数据快速统计

（1）创建数据透视表的基本方法和注意事项

（2）创建动态数据源的数据透视表，实现报表数据的自动更新

（3）通过设置字段的分类汇总方式创建复杂的统计分析报表，从不同的角度对数据进行统计分析

（4）通过组合字段来创建多维多层次的统计分析报表

（5）通过自定义数据透视表进行深入的分析

4. 用图表展示数据

（1）用图表准确表达出

（2）制作图表的注意事项

（3）用组合图表表达更加复杂的信息

（4）制作动态交互图表

5. 数据分析工具使用

（1）单变量求解

（2）模拟运算表

（3）数据关系度分析

（4）描述统计

（5）直方图

二、Excel 应用竞赛评分办法

竞赛试题满分为 100 分，竞赛时间为 40 分钟。

竞赛成绩评定采用分数的方式自动评分。从发出比赛信号时，开始计时。30 分钟内选手不得提前交卷。最终以分数决定名次和奖项。在操作中若出现机器故障，则由监考教师另行安排备用机器进行比赛，比赛时间不予延长。

三、Excel 应用选手须知

1. 赛场统一提供比赛用计算机及相关软件、草稿纸、笔等设备用具，其他的资料、工具一律不得带入赛场。

2. 选手提前 30 分钟抵达赛场，凭身份证、参赛证等规定有效证件按抽签决定的指定场次和座位号入座，并将相关证件放置在桌子的左上角。

3. 选手禁止携带任何通讯设备及与竞赛无关的其他电子设备。

4. 比赛铃声响后，方可登录系统开始比赛。

5. 比赛开始后，迟到 15 分钟的选手不得进入赛场，30 分钟内选手不得交卷。

6. 比赛结束时，各参赛选手将资料和工具整齐摆放在操作平台上，经工作人员清点后可以离开赛场，离开赛场时不得带走任何资料（包括草稿纸）。

参考文献

[1] 孙万军. Excel 在会计中的应用. 北京：高等教育出版社，2011.
[2] 赵志东. Excel 在会计日常工作中的应用（第2版）. 北京：人民邮电出版社，2012.
[3] 陈国震. Excel 在会计中的应用. 北京：经济科学出版社，2010.
[4] 崔婕，姬昂等. Excel 在会计和财务中的应用（第3版）. 北京：清华大学出版社，2011.
[5] 赵悦. Excel 2007 在财务中的应用. 北京：高等教育出版社，2008.
[6] 崔杰，崔婕等. Excel 财务会计实战应用（第2版）. 北京：清华大学出版社，2011.
[7] 李爱红，于运会. 新编 Excel 在财务中的应用. 北京：电子工业出版社，2010.

反侵权盗版声明

电子工业出版社依法对本作品享有专有出版权。任何未经权利人书面许可，复制、销售或通过信息网络传播本作品的行为；歪曲、篡改、剽窃本作品的行为，均违反《中华人民共和国著作权法》，其行为人应承担相应的民事责任和行政责任，构成犯罪的，将被依法追究刑事责任。

为了维护市场秩序，保护权利人的合法权益，我社将依法查处和打击侵权盗版的单位和个人。欢迎社会各界人士积极举报侵权盗版行为，本社将奖励举报有功人员，并保证举报人的信息不被泄露。

举报电话：（010）88254396；（010）88258888

传　　真：（010）88254397

E-mail：　dbqq@phei.com.cn

通信地址：北京市海淀区万寿路 173 信箱
　　　　　电子工业出版社总编办公室

邮　　编：100036